経営者に知っておいてほしいこと

志ある経営に伴走して

「経営者に届ける110のメッセージ」

TFSコンサルティンググループ 代表
TFS国際税理士法人 理事長
山崎 泰
Tai Yamazaki

FSC 金融ブックス

はしがき

松下政経塾時代以来の恩師・上甲 晃氏が27年超にわたって、一日も休まずに継続されている「デイリーメッセージ」の冒頭には、その思いが掲げられている。


一日生きていたら、一つぐらいは感動がある生き方をしたい、一つぐらいは学びのある生き方をしたい、そんな思いから、毎日取り組んでいます。

どうせなら、一日も休まず継続してみよう、そんなささやかな挑戦でもあります。


松下幸之助塾主が存命だった当時、松下政経塾生だった私。

上甲晃塾頭（当時）が、塾生に毎朝の掃除を徹底させるために始めたメッセージなどには見向きもせず、本物の真価に気がつかないまま、目の前しか見えず、20代の人生を急ぎ足で走っていた。

あれから30年、今こうしてブログを毎日綴り続けている原点。

今は、志ネットワーク代表とともに青年塾塾長を務めておられる上甲晃氏。長年の後ろ姿から、他人との「相対差」ではなく、昨日までの自分との「絶対差」を大切にすべきと教わったことにある。


一日一日と続けることで、少なくとも、昨日までの自分からの「絶対差」を積み重ねることができる。自分との約束、自分さえ裏切らなければ、自らの力でさらに一歩進んでいくことができる。

一日生きていたら、やはり一つぐらいは、関与先、社員、家族など、大事な人にぜひとも伝えておきたいと思うことに出会う。

そんな気持ちがわいてくると、漫然と一日を過ごすことができない。心と頭の感覚が鋭敏になる。

私自身、会計事務所経営者として、「会計を通じて、会社・地域・国家を強くする！」ことを使命としている。職業会計人としての「自らの姿勢」「生きざま」を、日々のブログに込めている。

志ある経営者は「事業を継続させること」に、すべてを賭けて生きている。

当社を信じて、日々ともに歩んでいただいているクライアントに、まずは私が、経営の伴走者として、『継続は力なり』を示すことは、きっと『事業の継続』に、夢と勇気を届けることにつながるはずだ。

後藤田正晴氏の著書『情と理』ではないが、生きざまのような『情』にブログが傾きそうになると、経営に役立つ『理』のブログも綴りながら、経営者として大切な『情と理』も伝えたく、日々綴っている。

経営者として、経営戦略などを考える際、参考となる判断材料にしていただけたら嬉しい。

当社の社員が判断に迷ったとき、経営者としての私の姿勢を思い起こしてもらえたら嬉しい。

会計業界は、法律上も書類保存が求められる。

人生の大切な時間をともに過ごしてくれている社員にも、単に財務書類・証憑等を残すだけではなく、自らの日々の業務、考えたことなどを記録として残してほしい。

そうすることで、１００年後、２００年後、後進が先達に学ぼうとするとき、自らが会計人として生きた軌跡を残してほしい。それくらいの誇りをもって、会計人としての日々を大切にしてほしい。

そうすれば、もっともっと魅力ある有為な人材が、会計人の後進としての道を歩み、より社会に役立つ会計業界に貢献できるに違いない。

さらに将来、私が引退し、そして生を終えた後でさえも、子ども達が「あの時、父親は、こんな思いで会計人として生きていた」と振り返ってもらえたら嬉しい。

そんなメッセージも、伝えていけたらとの願いを込めて。

2019年　清明

山崎　泰

目次

会計事務所の思いと歩み

仕事のススメ

家族に感謝

貴重な縁《えにし》から

掃除

会計事務所業界のなかでも、「掃除」「挨拶」「朝礼」を徹底して大切にすることで有名な、江戸川区にある古田土会計事務所のセミナーに参加。


朝の「掃除」は、午前8時20分の太鼓の音とともにスタート。

事務所のみならず、事務所のある西葛西駅周辺まで徹底して地域清掃をする。

以前、鍵山秀三郎先生が率先して手がけられてきた掃除を徹底して大事にされている会計事務所があると聞いて、ぜひとも一度訪問したいと思っていたが、それが古田土事務所だ。

トイレ掃除、ゴミの徹底した分別も、まさに鍵山先生が実践されてきた方法そのものだ。

私自身、松下政経塾時代から鍵山先生には掃除指導をしていただいてきたが……

恥ずかしくて、穴があったら入りたいくらい。


「挨拶」にも、特徴がある。

事務所に来客があると、140名の社員全員が立って「いらっしゃいませ！」。圧巻だ。

そして、来客の名前を手書きした、ウェルカムボード。よく見ると、事務所入口に二つの足型がある。

ひとつは、社員が出社時に他の社員全員に向かって挨拶する定位置。

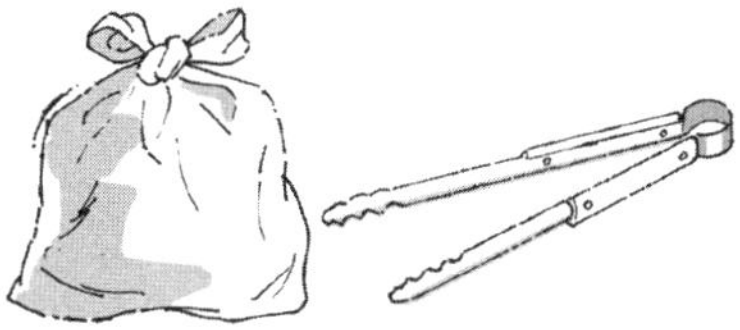

もうひとつは、所長の机の真ん前。

朝、所長に挨拶して、お互いに元気の出る言葉を発しながら、握手を交わす定位置。

最後は「朝礼」。

何と、「朝礼」にジャンケンがあると聞いて驚いた。

小さい頃、ジャンケンひとつにも夢中で真剣に取り組んだことを思い起こして、朝一番で真剣に取り組む姿勢を再確認し合おうと取り入れたとのこと。

そんな事務所の明確な経営姿勢に共鳴して、顧問契約される方が後を立たないそうだ。

表面的な経営戦略セミナーなどが氾濫する昨今、まさに身の引き締まる思いだ。


（2011年4月6日）

震災を乗り越えて

熱海で、TKC企業防衛制度の全国合同推進会議。

私も、四谷支部の企業防衛推進委員長として参加。

なかでも最も感銘を受けたのが、東日本大震災で関与先の7割が被災した、宮城県石巻市の女性税理士の講演。

演題は「震災を乗り越えて関与先と共に歩んでいく」。

ご自宅は、大津波で壊滅的な被害を受けた宮城県女川町。

町が根こそぎなくなり、7割の家が流失。

ご自身の自宅も、文字通り跡形もなくなってしまったそうだ。関与先も、7割が被災。

そんな中、長年にわたり企業防衛を推進してきて、震災の時は本当に関与先に感謝された、と語られた。

代表者と母親が犠牲になった調剤薬局。

薬局自体も流失。後継者もいなく、事業継続は断念。

震災から廃業まで全く収入がない中で、代表者の遺族に死亡退職金を、従業員に給与と退職金を、会社の借金を支払って会社清算することができたのも、万が一の時の企業防衛保険に入っていたからこそ……

そう、関与先から本当に感謝されたという。

家族経営の洋品店。社長夫妻は、残念ながら津波の犠牲に。

建物も流失したが、保険金で借入金や買掛金などを一旦すべて返済することができ、債務ゼロで後継者はスタートをきることができたという。

資金繰りが厳しく、借入金も多く、保険料負担そのものも厳しい関与先。

しかし、会計事務所担当者が、決算報告会で、社長夫妻や後継者に、借入金対策としての保障の必要性を熱心に説明。関与先の理解を得て、企業防衛をしていたことが、津波からの再建につながった。

まさに、関与先の完全防衛。**万が一の時のことまで考えて、完全に守り切る！**

頭では分かっていた想いが、深く体に落ちたような気がした。


（2012年3月23日）

岩國哲人・元衆議院議員

早朝6時半から、千代田区倫理法人会のモーニングセミナー。

ゲストは、かつて私たちが東京都知事選挙に担ぎ出した、岩國哲人・元衆議院議員。

私などは、まさに担ぎ出した急先鋒、岩國先生のキャリアを狂わせた張本人かも。

でも1995年春のことだから、もう20年以上も前の話。

2013年11月、「旭日重光章」を受賞され、叙勲記念講演と銘打たれている。

数か月ほど前、今はアメリカに在住されている岩國先生から、事務所あてに国際電話があり、連絡先のメモをいただいた。

しかし、折り返し連絡するタイミングを失してしまって、ぜひとも帰国の折には、お目にかかりたいと思っていただけに、お会いできてとても嬉しかった。

講和のテーマは、「経営の王道は、『義』『利』『人』『情』」

「義」は、武田薬品の武田長兵衛氏に（１９６３年）

「利」は、東芝の岩田弐夫氏に（１９７５年）

「人」は、オムロンの立石一眞氏に（１９６７年）

「情」は、越後正一氏に（１９６４年）

に学んだという岩國哲人先生。

最後に「**世界で一番早く、朝がやってくるのは……日付変更線からしても、間違いなく日本。その日本で、朝早くから、倫理経営を学びに集う経営者は、世界中で、最も早い時間から、学んでいる！**」。

そう言われて、東京・ニューヨーク・ロンドン・パリ……と、まさに世界を股にかけて仕事をしてこられた岩國先生なりの視点だなと、あらためて感服。

やはり都知事になってほしかった。

（２０１４年５月15日）

印刷組合総会

新宿区の地場産業でもある、印刷組合の総会。亡父が創業した印刷業ゆえ、私も毎年出席。以前は、毎年のように箱根湯本で開催していたが、最近は、時代の流れか、不景気を反映してか、東京と箱根で、毎年交互に開催。

地場産業だけあって、箱根の総会には地元・新宿区の地場産業振興の担当課長も出席。そういえば、昔の課長に、こうつぶやいたことがあった。

本当に、印刷業を地場産業だと思ってもらえるならば……
本当に、行政も印刷業とともに歩んでいってもらえるならば……
本当に、厳しいながらも生き抜いていこうとしている印刷業を理解してもらえるならば……
形式的な総会だけではなくて、風呂や、風呂上がりの懇親会もともにして、馬鹿話をしながら、酒を酌み交わして一晩だけでも、一緒に時間を過ごしてほしい。

実は、今の担当課長も、今日、総会だけで帰京しようと予定していたみたいだが、私のそんな昔話が聞こえたわけでもあるまいが、一風呂浴びて、懇親会をともにして（ただし、浴衣ではなく背広に着替えて、かなり「帰りますオーラ」が、プンプン出ていたが……）、20時40分の箱根湯本発の最終ロマンスカーに、飛び乗っていった。

それにしても、「自宅で食事ができなくなって……」と、奥様にそっと電話をかけていた姿。役人らしからぬ、親しみやすさを感じて、本当の味方を得た思いだった。


（2014年5月17日）

「女子でも、税理士になれますか?」

新宿区内の小学校で租税教室。

校長室で校長先生から学校を取り巻く近況を伺った後、私は4時限目、6年1組の授業を担当。

今日は、学校開放日。新宿区では、学区域が隣接する小学校には希望すれば入学できるそうで、公立小学校といえども、いわば「児童・父母が、学校を選ぶ時代！」に入ったということか。

それだけに、幼稚園・保育園児を連れた父母の姿も目立つ。

税金で成り立っている公共施設や公共サービスの説明。税の種類や仕組みについての説明。税率が8％

に上がった消費税の仕組み……等々に関して、授業で説明しながら、後半は「税金の集め方」について。

どのように集めれば、思いやりがあり、誰からも不満が出ない、税金の公平な集め方になるか？

逆に、どうすれば納得して税金を納めようと思えるのか？　これが、後半の授業のテーマ。

必ずしも、「平等＝公平」ではないよね。

税額が同額なのが「公平」？　税率が同率なのが「公平」？

収入（もうけ）によって、税率が異なるのが「公平」？

「累進課税」という用語すら使わないが、グループ分けした児童たちから次々と発せられる答えは、とてもレベルが高い。中には、公的扶助の考え方を取り入れた解答まであり、思わずウナッてしまうほど。
授業後、「免税点って、何ですか？」「地方交付税交付金って、どういうものですか？」等々の質問攻めにあい、嬉しい悲鳴！
教室を去り際、授業でも集中力があり、目立っていた女子児童から質問が。「女子でも、税理士になれますか？」と、問いかけられた時には、なんとも嬉しく「もちろん！　ぜひとも、頑張って！」と、思わず満面の笑みで応える。
今日の授業で、税理士に憧れ、目指してしてくれる児童が一人でも増えてくれたら、こんなにも嬉しいことはない！

（２０１４年６月21日）

忘れられない、決して忘れない香典返し

忘れられない、いや決して忘れない香典返し。

1か月ほど前に、事故で急死した幼馴染の香典返し。

3歳の頃、家も近所で、幼稚園に入園したときも同じ組で、姓も一緒だったので順番も前後で、いつも一緒……「生まれて初めて」の友達。

参院選では、選挙の事務局長まで務めてくれた無二の友人が、不慮の事故で、先立って逝った……。

その香典返しが届いた。

「こんなもの要らん。早く、戻ってこい!」と、いまだに叫びたくなる。選べるタイプの香典返しだったので、いつも幼馴染と一緒にいたいと思って、「四六時中持ち歩く」名刺入れを注文した。

小倉織の白黒・たて縞模様。小倉織は豊前小倉藩の特産品で、江戸時代から袴や帯などとして織られ、かの徳川家康も愛し、当時から日本全国で珍重されていたという。

お祝い事などには、今は紅白模様を使うが、かつては白黒模様を使っていたとも。

そして、私自身の小学生時代の写真も、そっと忍ばせている。

幼い頃、今のような日が来るとは思わず、毎日のように幼馴染と楽しく顔を合わせていた。

兄弟のように仲良しだった。「生まれて初めて」の友達を失った傷は癒えないが、今の私にできること。彼のことを忘れず、彼の無念さも背負いながら、いつも思い出して一緒にいること。

これから出会う皆さんとも、思い出のいっぱい詰まった名刺入れから、心を込めて、大切に名刺交換をしていきたい。


（２０１４年６月24日）

“企業防衛”冥利……

全国各地で、主に地域振興、飲食店舗・商業施設展開等のコンサルを手掛けるクライアントが、超多忙な合間を縫って、30分だけ来社。経営者は37歳。青森県出身。バリバリの働き盛り。

実は数日前、青森県内の村長と酒を酌み交わしたとき、相談された村の振興策を、同県出身のクライアントに投げかけてみる。

併せて、もうひとつ投げかけてみたのが、「企業防衛」。

当グループでは、年に２回、全クライアントを対象に、企業の事業継続に万が一のリスクが生じていないか、「企業防衛」の観点から徹底して検証している。

同社は、借入金こそ少額だが、売上が大きいため、37歳の経営者が、何らかの事情で、働けなくなったような場合には、会社の収益構造を維持できなくなってしまう。

そこで、万が一のリスクに備えて、ガン、心筋梗塞、脳疾患等の三大疾病などで働けなくなった場合に、会社を維持すべく、一時的に会社が保険金を確保するリスクヘッジ。

亡くなった場合には、会社が保険金を確保し、死亡退職金や弔慰金として家族の生活を支える。

経営者としても、15歳ばかり年長の想いも込めて、話し始めるやいなや……

「実は妻からも、ずっとこのことを言われていまして。すごく、心配していたんです。でも、なかなか誰にも相談できなくて。すぐに入ります。妻にもすぐに報告します」

30歳代ゆえ、保険料もさほど高くなく、その場で即決。

当グループは、年に2回しか「企業防衛」に関する全顧問先の徹底検証をしていないので、担当者も、リスクヘッジまでは、通常業務としての視野には入っていなかったかも……

しかしながら、あまりにも「待っていました！」とばかり、即答していただく姿を見て、年2回だけのリスク徹底検証だけでは、さすがに少ないかと、振り返ってみた次第。

（2014年7月10日）

こんなメールが、いちばん嬉しい……

久しぶりに会合でお会いした知人から、こんなメールが。

人生に、経営に追い込まれたときに、相談する相手に選んでいただける。

大いなる責任とともに、生きがいを強く感じる瞬間。

いくら知人といえども、いきなり、こんなにも頼りにされて良いのだろうか……。


そんな一抹の不安を抱えつつも、お目にかかった瞬間に企業再生に向けてのスイッチが入るのも、職業会計人としての生き様かも。

必ず、一緒に力を合わせて、会社を立て直してみせる！大丈夫、心配しないで!!

今日お会いしたときに、すでにそう声をかけている自分がいる。

実は、こんなメールが、いちばん嬉しい。やはり、職業会計人は「天職」かも。


〜〜〜〜〜〜〜〜〜〜〜〜〜〜〜〜〜〜〜〜〜〜〜〜〜〜〜〜〜

ご無沙汰いたしております。先日は、新たに山崎さんのリーダーシップを感じるひとときでした。

この仕事を始めて7年。新商品もありますが、今が過渡期と感じています。

会社は2年前と比べて、最大の危機を迎えています。

昨年の初めからその傾向が出始め、なんとか公的資金融資でつなぎました。

コストダウンを図るため、昨年9月に自宅と会社を一緒にして、新商品も出てきてこれからという感じですが、商品が個人相手で安定せず、今回申告もできない状態まで追い込まれてきました。

運のいいことに、山崎さんは税理士さんでもあります。

問題点は何か?!を探しに、一度ご訪問させていただきたいのですが。

もしよろしければ、来週のいずれかではいかがでしょうか。

お時間いただくお礼に、当社の新商品をお届けします。

一日でも早く、会社を建て直したいです。

山崎さんが、顧問税理士さんなら再生可能な感じがします。
＊いきなりの失礼な話をお許しください。

〜〜〜〜〜〜〜〜〜〜〜〜〜〜〜〜〜〜〜〜〜〜〜〜


人生はご縁ですね。ご連絡お待ちしております。

ご指示の書類があれば、すぐにご準備いたします。頼りにしています。


（2014年7月22日）

情けは人のためならず……

午前中、上場を目指す会社経営者が来社。

同社は、節電に関してはかなりのシェアを持ち、まさに省エネ・環境ビジネスという、これからの日本の目指すべき方向性とも合致している。

顧問税理士はおられるが、上場を目指すに際して社員教育、財務戦略等に関して相談に乗ってほしいとのご依頼。

近くの会社でもあるので、一も二もなく即答。8月以降の社員研修からお受けすることに。

それにしても、出会いが不思議。2か月前、「かつては、〝損得勘定〟で倫理法人会に入会」「目の前の〝得〟が見つけられずに、すぐに退会してしまった」と自省を語る、知人からの紹介。その反省から「倫理法人会に復帰して、今度こそは〝損得〟ではなく、〝徳〟積みをしたい!」と、再入会してくれた知人。

その知人が「かつての尊敬する上司が、近くで会社を経営しているから」との縁で訪問された際、私の話題になり、先方から、ぜひ一度!ということで、本日の出会いに至った次第。

私自身、再会した知人に対しては、お節介なほど、かなりホンネで、会社再建に向けた道筋を、熱く語った。

〝情け〟という表現が正しいかどうかはわからないが、一生懸命、目の前の人の幸せを考え続けると、巡りめぐってくるものがあるように思えてならない。

なんとも嬉しいご縁に恵まれた、52歳最後の日！


（２０１４年7月31日）

頑張れ〝我らの頼り〟信用組合!!

懇意にしている信用組合の理事長が来社。

お互いに忙しく、12時40分～13時までの20分間だけの懇談タイム。

信用組合は、かつては都道府県所管だったが、今は金融庁に移管。

銀行のみならず信用組合職員からも、「金融庁検査があるので……」という言葉が聞かれるように。

信組理事長に、金融庁に関連して、少し気になっていることを聞いてみた。

限られた時間だったこともあり、立て続けに、疑問・懸念をぶつけてみる。

「金融庁の所管になって、どうも気になることが。時に、どうも金融庁の方を向いて、信組職員が仕事をしているように思えるのです。都道府県なりの独自性、地域特性をもとに、信組が地域密着型で力を発揮していたのに……。昔のように、地域特性を出して、経営者の定性評価をもとに、時にエイヤッ！で、資金付けをすることが少なくなったのでは？　信組役員も、銀行関係ＯＢや、時に整理回収機構などからの就任も増えるなど、以前と比べて保守的な傾向があるのでは？」

私の目の前で、大きくうなずく理事長。

うなずき方で、信組の責任者として、内心は忸怩たるものがあるだろうことが、心情的にも良くわかる。亡父が印刷業で、長年にわたり地域密着型の職域型信用組合に支え続けてもらったこともあり、私自身は名実ともに信組ファン！

地域での重要性、困った時に最後に助けてくれる砦であることも、実感として痛いほどわかっている！だからこそ……頑張れ〝我らの頼り〟信用組合!!

（２０１４年９月24日）

生まれ育った町会

顧問を務める地元町会の総会。

正直に言うと、会計、収支計算書作成、監査指導に関する仕事は、すべて担当税理士に任せっきりで、打ち合わせすら同席できなかった。そんなお詫びの意も込めて、今日の総会だけは出席。総会後の懇親会で、ひと言挨拶を求められたので、こんな挨拶を……。


事務所のある四谷三丁目から、四谷四丁目にある実家のビルまで移動するとき、歩いて数百メートルの距離でも、一直線に表通りを通らずに……

昔懐かしい路地裏、裏通りを歩いて向かうようにしています。

そうすると、ああ、ここに餃子会館や定食屋があったな。ああ、ここにクリーニング屋が、ここに豆腐屋があったなあ。中屋の蕎麦屋は、昔は大通り沿いにあったなあ。

そんな、幼い頃の町並みが、走馬灯のように思い出されてきます。

この町の町会長の生まれは、１９２６年。15年前に他界した、私の死んだ親父と同じ年です。

だから、町会の手伝いをしていると、死んだ親父にできなかった分、町会長がオヤジに見えてきて「親孝行している」……そんな気持ちになるのです。

90歳近くになっても、元気で自転車に乗って、町会活動に勤しまれる町会長。

どうか、自転車でケガなどしないように、くれぐれも気をつけて、至らぬ息子（?）として、いつまでも親孝行させてほしい……。


（２０１５年5月9日）

ＳＳＫ総会

松下政経塾のＯＢによる「ＳＳＫ総会」を、原宿駅前の南国酒家迎賓館で開催。

長年、事務局を務めていて思うのは、忙しい中にもかかわらず、駆けつけてくれる同志の結束力。

特に、国会議員や大臣も、国会の合間を縫って駆けつけてくれて、同志のつながりを強く感じるひととき。なかでも、逢沢一郎会長は、政府や党の要職でもあるにもかかわらず、必ず定刻には間に合うように出席される。後輩の一人として、政経塾を想う姿勢に、本当に頭が下がる思いでいっぱい……。


その逢沢一郎会長から、最後に苦言が……

「最近の松下政経塾ＯＢは、選挙に出馬するときに、かつてのような緊張感がないのではないか。選挙結果だけを見て判断するわけではないが、松下政経塾ＯＢたる責任と信頼を大切にしてほしい」


確かに、「松下政経塾出身」といっても、まだ海のものとも山のものとも分からない時代は、とにかく、先輩・同期・後輩の期が一致団結して、選挙に向けて邁進した。

私が初当選した、１９９３年などは、まさに新党ブームで大きな勢いがあり、まさに「生きるか死ぬか！この国を変えてみせる！」くらいの鬼気迫る意気込みで、選挙を戦ったことを覚えている。

例によって、総会後は、親しい仲間とともに2次会へ。

ここでも、逢沢一郎会長からの「檄」というか「喝!」を、どう受け止めて取り組むかを真剣に議論。

私は、いつも政経塾OBとの飲み会では、懐かしさと楽しさのあまり、気分良く泥酔してしまうので、本格的な議論は、後日また有志で集まることに。


(2015年5月25日)

「特別功労賞」受賞!

日本グラフィックサービス工業会の60周年記念式典。

日本各地から、印刷業に携わる印刷人が、東京・八芳園に集う。

そもそも、同会の起こりは、謄写版(ガリ版)印刷。

ロウ紙と呼ばれる原紙を、専用のやすりに乗せて、その上から先の尖った鉄筆を押し付けて、文字や絵を描いていく(切っていく)。

こうして作った版は、ロウ紙の塗料が鉄筆によって削り取られ、その凹凸をつかって印刷機にかけていく。

訂正したい場合は、ニスという修正液をつかって、削り取った孔を埋めていく。

ガリ版は、1893年、トーマス・エジソンが、孔版印刷の方法のひとつとして、発明したというから、かなりの歴史だ。

日本では、堀井新治郎が改良し、1894年に最初の謄写版印刷機を作ったと言われている。

日本グラフィックサービス工業会（通称：JaGra・ジャグラ）は、1955年8月20日、ガリ版印刷をする業者が集まって、神奈川県箱根・小涌園における結成大会で、全日本謄写印刷業連盟として発足。

さらに1966年、社団法人日本軽印刷工業会に改組。

2014年、一般社団法人化して、「個人情報保護事業」「DTP教室事業」「ジャグラBB事業」等を柱に、全国的に活動している。

昨年は、なんと22年ぶりに会員増を果たし、他業界からも大きな注目を集めたくらい。

印刷物に込められた思いは、経済的価値のみならず、文化的価値をも有するという意味で、総会の位置づけも、「ジャグラ文化展」と呼称している。

嬉しいことに、その晴れやかな60周年記念式典で、「特別功労賞」を受賞！

受賞盾を見てみると「印刷業の教育を通じて、印刷人の育成を図り、もってグラフィックサービス工業の振興に貢献」したことを顕彰していただいている。

日本グラフィックサービス工業会からの「特別功労賞」

まだ軽印刷工業会ができたてホヤホヤの当時、昭和30年代……。

親父の独立と同じ頃、印刷屋の子倅《せがれ》として生まれ、高度経済成長とともに、ガリ版とインクの匂いの中で育てられてきた。

幼い頃、亡父が、夜な夜なガリ版を切っていたのを思い出す。

恩返しのつもりで、業界紙に寄稿し続けてきた原稿。

10年近く、毎月書きつづけてきたことを、「貢献」と評価していただいて……。亡き親父も、少しは喜んでくれるかな。

そんな思いに浸れたことが、率直に嬉しかった。


（2015年1月16日・6月12日）

失意のときには、そっと寄り添う

正午前、知人からショートメール。

軽井沢のスキーバス事故で、先輩のご子息が亡くなられたとの訃報……

松下政経塾以来の先輩でもあり、都議会議員に初当選したとき、都議の先輩としても一番お世話になった、長年の兄貴分。結婚式にも来ていただいた、かけがえのない先輩。

昨夜と今朝、転落事故のニュースを見ながら、「大学生で、これからというときに……。世代が近いので、他人事ではないね。生きているだけでも、有難いと思わなくては」と、まさに子ども達と話していたばかり。

心が動揺し、頭が混乱してしまって、新宿での買い物途中、さまようばかり。

「失意のときには、そっと寄り添う」と教えられてきたにもかかわらず、どうやって先輩に寄り添えばよいのか。整理ができず、あまりにもつら過ぎて、政経塾以来の恩師に電話。

「どうやって寄り添えばよいのか、わからなくて……」

居ても立っても居られず、ご本人にショートメール。

「先輩のおつらさを思うと、飛んでいきたい気持ちです」

しばらくして、返信メッセージまで頂戴した。

天は、なぜこれほどまでに、人に試練を与えるのか。

苦しみに耐えて、生きていくということは、いったいどういうことなのか。

「人生、無駄なことはなにもない」と教えられてきたけれど、本当にそうなのだろうか。

混乱して、気持ちの整理がつかないまま、率直な心を綴っている次第。

「返してくれ！」

悲しいといっても、それまでは100メートル離れたところで涙を流していたような感じだったのが、先輩のご子息が亡くなったことを知ってからは、テレビで放映される、バス会社社長の土下座を見ても、「今さら、土下座なんてしなくていいから。返してくれ！」と、憤りを超えた、そんな気持ちでいっぱいに。

あの時、右側に座っていなければ。バスが、自宅に近い原宿出発でなければ……。

私が悔やんでも何も変わらないことは、よくよくわかっているのだが、そんな思いが頭をかけめぐって、離れない。

子どもが出かけて行って、夜になると帰ってくる。

そんな、当たり前のような光景が、ある日突然、覆されてしまったら……。

朝起きて、事故の悪夢が夢であってほしいと寝入った翌朝、目を覚ましても、子どもがいないという、悲しみを超えた現実の痛みを、少しでも分かち合うために、自分にはいったい何ができるのだろう。

自身で、答えが見つけられない。

せめて、通夜・告別式には、先輩ご夫婦に寄り添って、少しでも近くにいること。

この悲しみを決して忘れず、故人そして家族に想いを馳せつづけること。

生きている私たちに、いったい何ができるだろうか

週が明けて、朝礼後の全体ミーティング。

軽井沢のスキーバス事故のこと、社員さんに話そうか話すまいか、かなり迷ったのだが、心の奥も共有しておきたいという想いもあったので、意を決して話を切り出した。

報道等によると、バス会社は経営的な苦しさもあって、27万円という基準以下の18万円という低料金で運行受託……。経費削減の観点から高速道を一般道に切り替えたのではないか、とのこと。


言葉に詰まりながら、社員さんに事の次第を話しながら、どうしても、伝えておきたかったこと……。

今回のバス事故では、中小バス会社としての経営の厳しさが指摘されている。

もちろん、いくら経営が厳しいからといって、安全をないがしろにしていいはずがない。

しかし、**たまたま私たちは、中小企業を強くすることができる仕事をしている。**

それも、会計という専門分野を通じて。


若くして命を絶たれてしまった方々の無念に、生きている私たちに何ができるだろうか……。

そのひとつは、**中小企業をしっかりと強くして、安全面も含めてしっかりとした経営をしてもらうこと。**

「会計を通じて、会社・地域・国家を強くする！」ことを使命に掲げるからには、自らの力を最大限に発揮して、クライアントに強くなってもらうために、全員一致で、取り組んでいきたい。


（２０１６年１月16～18日）

国会議論の縮図

亡父が印刷業を創業したこともあり、印刷業には並々ならぬ思い入れがある。私が監事を務める、印刷業界の全国理事会。午前11時の開会時刻、理事は日本全国から参集するにもかかわらず、定刻に寸分違わず勢ぞろい。何よりも、自ら属する業界に対する熱意を感じる！

理事会の議事次第を確認したところ、今日は特に大きな議題もなく、早く終わるのかな、と思いきや、またまた熱心な議論に。

日本全国をブロックに分けた地域協議会から、理事が選出される仕組み。それでも、会員数により、地域的な偏重がある。

議論の発端は、北海道地区と東北地区から、それぞれ理事を輩出していた慣行をあらためて、北海道・東北地区と併せて、複数名の理事を選出することにしてはどうかとの提案から……。合区することにより、両地区が話し合う機会が増え交流が深まるとともに、いかに活性化を図るかという議論の土台にもつながるのでは、というのが提案の趣旨。

一方、東京地区からは、東京は本部の所在地でもあり、理事会がなくとも顔を会わせる機会が多いので、東京の理事定員を、むしろ地方に割り振って、より全国レベルでの活性化を図ったほうがよいのでは。

いやいや、理事会は最終意思決定機関なので、あくまでも会員数に比例して理事を割り振って、現会員会社に公平公正を期して意思決定すべき……喧々諤々。

最後に、監事講評を求められた私。
おそらく国会でも、議員定数配分の議論は、同じような問題意識で行っているのではないだろうか。参議院の合区の問題、最低でも47都道府県に1人ずつ割り振ってから、人口比率で配分していく。まさに、一票の格差是正とともに、地方の意見をどうくみ上げて、全国レベルで活性化していくか。そして、従来の枠にとらわれないで、どれだけ柔軟に新しい仕組みを取り入れていくことができるか。まさに今日の理事会での議論は、そんな縮図のようにも見える。

それにしても、今日の理事会での喧々諤々の議論！
この臨場感を、全国の会員個社が目の当たりにしたら、それこそ大きな活性化につながるに違いない。

（2017年11月10日）

「金繰りを心配し始めると、ラーメンの味が落ちる！」

新宿通り沿いに位置する当社から、わずか信号2つしか離れていない第一勧業信用組合本店。その第一勧信が仕掛け人となって各地で開催を続けている「地域クラウド交流会」が、地元・新宿区で初めて開催された。

実は、露ほども「地域クラウド交流会」の事前情報を知らなかったのだが、熱心な当社社員に誘われて、一人１０００円（安くてビックリ！）の会費を払って入場。

冒頭の基調講演は、主催者でもある第一勧業信用組合・新田信行理事長。

みずほＨＤ合併前の第一勧業銀行出身の、まさにエリートバンカーなのに……信用組合理事長の殻を破った、ホンネで惹きつけられる講演内容に、思わず引き込まれる。

ホンネ講演のエッセンスを、少しだけ紹介してみたい！

「金繰りを心配し始めると、ラーメンの味が落ちる！」

中小企業経営者の心理状態と経営の関係性をラーメンの味にたとえた、まさに名言。

思わず、iPhoneで懸命にメモを取りまくってしまった。

企業経営者は、目の前の仕事に、日々いかに全力投球できる状態でいられるかどうかが、大きな課題。

目先のカネ繰りを気にし始めると、どうしてもそのことに気を取られてしまって、仕事をしながらも、いつのまにか、ボ〜っとカネのことが頭に浮かんでしまう。

企業経営者なら、一度ならずとも、こんな経験があるのでは。

その気持ちを「**金繰りを心配し始めると、ラーメンの味が落ちる！**」と、わかりやすいひと言で言い表してくれる。

中小企業の味方たる、信用組合理事長ならばこそ、本当に心強い!!


「金融機関は、経営者にとってのキャディのようなもの」


どんなに接待ゴルフでも、ショットを打つ瞬間は、ショットを打つゴルファーが主役。

キャディは、目指す方向、残された距離を確かめながら、最適なクラブ選択までそっとアドバイス。

経営者はショットに集中すべく、精神統一してクラブを振り始める。

打った後、ボールの行方を確かめるのもキャディの大事な役割。

万が一、大きく外れそうになれば、安全のため「ファ〜」と大きな声で注意を促してくれる。

経営者にとって、金融機関もそんな存在になってくれれば、なんて心強いだろう！

「経営者、とりわけ創業者にとって大切な力は、無いものに気づく力」

経営学では「3C分析」ということがよく言われる。
とりわけ創業者にとって大切なことは、**「世の中や社会は求めているのに、誰もやっていないもの」**を自分から一歩離れて見る、いわば幽体離脱能力とでもいうべきチカラ。金融や産業構造全体に目を転じてみれば、もし金融庁長官、経産大臣だったら、日本には何が足りないのだろうか？

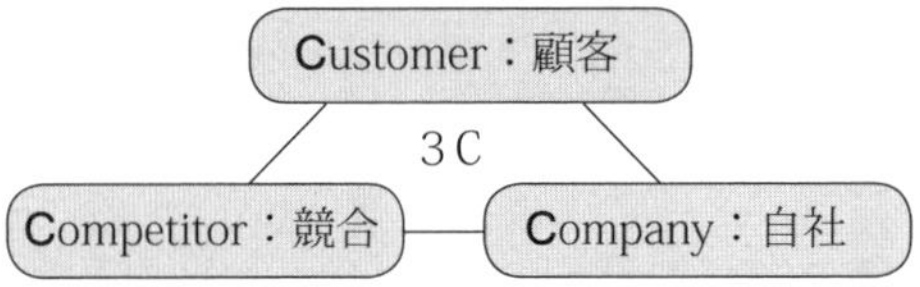

「経営能力＝決断力×行動力」

経営者にとっては、まさに止まっていることがリスク。
ＰＤＣＡどころではない。今の時代は、Do! Do! Do! Do!!
いや、Action! Action! Action! Action!!

「事業は一人ではできない」

つながることが、付加価値を生む。
まさに、徳川家康の極意。家臣を率いる要点は、家臣から惚れられること。

家康曰く「機嫌をとってもならず　押さえつけてもならず」。家臣ならぬ社員と、ともに夢を見ること。

社員、社員の家族、お客様、そして社会とともに、夢をみること。

そうして、家臣ならぬ社員から、心服される経営者に。


そして、新田理事長は講演の最後に、こう付け加えた。

いわゆる地域金融機関は、小資本の既存中小企業がお客様。競争も厳しく、まさにレッドオーシャン。

それに対して、起業・創業支援に徹底して注力している第一勧信。その意味では、全くのブルーオーシャン！

中小企業の痛みがわかる地域金融機関とともに、資金繰りに心配なく、本業に専念できる環境づくりに
当社も貢献できたら、本当に嬉しい。


（2017年11月15日）

市長室の「日めくりカレンダー」

松下政経塾以来、旧知の先輩でもある、奈良俊幸・福井県越前市長を訪問。

前夜は、福井県内の顧問先に巡回監査訪問。顧問先が経営する飲食店で食事。カラオケ館、ホテルを視察。同じく顧問先が経営するビジネスホテルに宿泊。まさに、〝武生〟三昧！　〝越前〟三昧‼　という感じ。

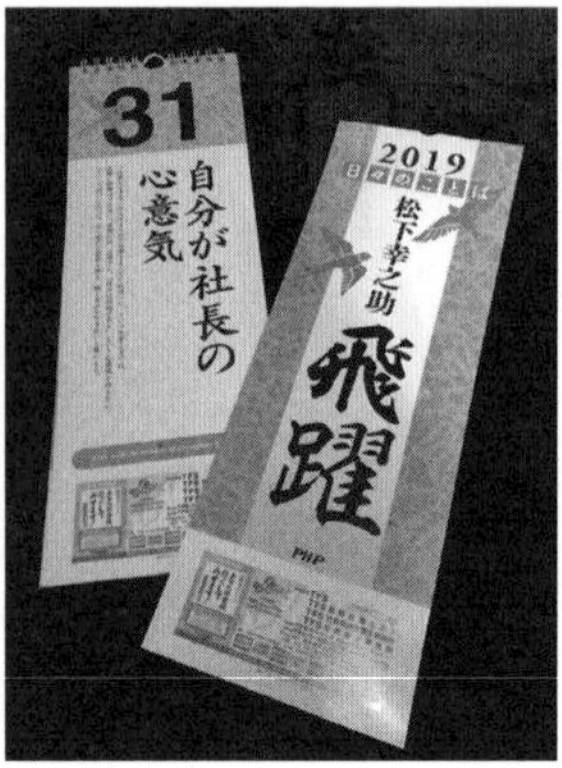

福井県越前市長室にて
奈良俊幸市長（左）と

越前市長室は、どうしても訪れてみたかった！

というのも、市長室には、当グループでお届けしている松下幸之助翁の生前の言葉を集めた「日めくりカレンダー」を、10年分以上、所狭しと飾っていただいている。

昨年も、「日めくりカレンダー」を贈った後、「日めくりカレンダー」を飾った市長室の写真を送っていただいて、社員一同、とても感動したのを覚えている。

今日、やっと越前市長室に伺うことが叶った次第！

そして、奈良俊幸市長とともに、「日めくりカレンダー」に囲まれながら、市長室で記念撮影。

同じ松下幸之助翁の門下生、生前の教えにふれた同志として、こんなにも嬉しいことはない！

（2017年12月20日）

12月30日にクラス会

暮れも押し迫った12月30日に、なんと高校3年生時のクラス会。

午後5時からのクラス会に、早く行きたくて行きたくて、もう午前中からソワソワ……。

早く昔懐かしい顔に会いたかったこともあるが、中途半端に家にいると、大掃除の手伝いで家を出にくくなってしまいそうだったから。

午前中、神棚と仏壇の掃除をして、自分なりにスッキリした気持ち。家を出る直前、洗面所で歯を磨いて出かけようとすると、浴室では妻が、ナント運悪く浴室の天井を掃除中?!

「20分だけなら手伝うよ」と声をかけるも、ちらっと見られた横目が「そんなに短時間で終わると思っているの」と語っているかのよう。

それならばお言葉に甘えて……いそいそと（少しばかり逃げるように？）自宅を出て駅に向かう。

西日暮里の駅で降りて、懐かしい横断歩道を渡って、開成学園正門前で、しばし一人で感慨にふける。

「あ〜、あの頃、もっと勉強しておけば良かったなあ」

あまりにも早く着いてしまいそうなので、牛歩戦術のように、ゆっくりと超ゆっくりと歩こうとしたが、やはり寒く、みんなにも早く会いたかったので、到着したのは、開始時間の20分前!!

「家にいてもすることがなくて。いや本当は、中途半端に家にいても、なんの役にも立たないので」

こんな本当のことを吐露し合えるのが、同級生。それもクラスメートのなんとも良いところ。

午後5時、高校卒業して38年。家にいても役に立たなさそうな、オジサン17名が集まってクラス会開始。

それでも、50名のクラスだったので、出席率は、まあまあ良いほう~と自画自賛!

学年全体では、残念ながら他界した同級生もいるが、うちのクラスでは、今のところまだみんな元気。

前回は、確か私の参院選のときに、図ったように(?)ちょうどクラス会を開催してくれたことも。

幹事役の友人に聞いたところ、今日の今日、来られなくなった仲間も数名いるとのこと。

身体の具合でも悪くなければ良いが……と心配しながら、毎年1回、あと20年いや30年続けられるかな、と話しながら、乾杯! さてさて、どんな近況報告となることやら?

20年も30年も、みんなで一緒に社会に役立ちたい!!

医者、民間企業、弁護士、会社経営……歩んでいる道は違うが、仲間の話を聞くのはなんとも楽しい。

医者は、まだまだ現役で、日々の診察・治療に忙しいと異口同音に話す。外科手術などは若い30~40代の後輩ドクターに任せて、管理職に専念することも視野にという。ドクターXではないが、やはり手先の技術は、年齢が影響するのだろうか。

民間企業に務めていた友達の大半が、別の会社に転職・出向していたのには、認識を新たにした。

恥ずかしながら、サラリーマン経験のない私は、最も疎いほうかもしれない。それも東大卒の、私よりはるかに頭脳明晰なメンバーが、セカンドキャリアを歩み出している。能力の高さを知っているだけに、この能力を長く社会に活かさないことには、本当にもったいない！

そんな思いでいるところに、今朝の日経新聞を開いたら、こんな記事が。

働く人の数が、２０１８年に過去最高になりそうだ。人口が減少するなかでも、女性やシニアの労働参加率が上昇しているため。15〜64歳の生産年齢人口は、現在約７６００万人。少子高齢化が進み、20年間で約１割減少。にもかかわらず、実際に働く就業者数は、伸び続けている。２０１７年は11月までの平均で６５２８万人、前年を約１％上回る。２０１８年には、過去最高を突破する可能性が高い。65歳以上の働くシニアの割合も、１９９８年以来の高さで、すでに働く意思を持つほぼ全員が、職に就ける完全雇用の状態にある。

まだまだ65歳には及ばないが、せっかく磨いてきた経験と知識を活かして、いつまでもクラス会を続けながら……20年も30年も、みんなで一緒に社会に役立ちたい!!

（２０１７年12月30〜31日）

まるで日本のグラミン銀行?!

午前9時30分、朝一番で、第一勧業信用組合・未来開発部幹部が来社。

１９６５年創業、都内26店舗、預金残高３１３３億円、貸出金２３９５億円。都内の地域信用組合としては、大東京信用組合に次ぐ第2位の規模!!

新田信行理事長が先頭に立って、「創業支援」に徹底して力を入れる。なかでも、若者、女性、シニアの創業・起業を積極的に支援している。

当社でも、年明けから創業に関する相談案件が多く、この日は意見交換。

創業支援としては、主にこのようなラインナップ……。

①かんしん未来ファンド〈出資〉：主にシード・アーリーステージの企業を対象に、長期安定的な資金提供

②女性・若者・シニア創業サポートローン〈融資〉：東京都の創業サポート事業に基づく年利１％の低利融資

③かんしん未来ローン〈融資〉：１０００万円を上限とした、無担保のプロパー貸出商品

なかでも、耳目を引いたのが「人とコミュニティとの金融」に力を入れている点。

地域、コミュニティとのふれあいを大切に、人と人との信頼に基づく金融を実践しているという。

たとえば、商店会や地域団体から紹介された商店主やＮＰＯ代表。町会役員から紹介された個人事業主。税理士から紹介された創業希望者。

社会や地域に貢献する事業を立ち上げようとする人、創業・起業しようとする人などには、第一勧信の既組合員からの紹介があれば、積極的に融資に取り組んでいるという。


ＷＢＳ（ワールドビジネスサテライト）でも、神楽坂の芸者さんが、神楽坂地区の料飲組合長からの紹介を受けて、無担保で新規開店資金の貸し出しを受けたケースも紹介されていたくらい。

エッ、そんなに積極的で、デフォルト（貸倒れ）は大丈夫？　我々は、すぐに心配してしまう。

しかし、これまでコミュニティローンとして３００くらいが組成され、数多くの貸出実績があるものの、デフォルトは皆無という。地域でつながりのある大事な知り合いからの紹介でもあり、貸出金も数百万円くらいなので、多少の融通をつけてでも、なんとしても返済されるという。素晴らしい！

まさに、バングラデシュのグラミン銀行のよう。

グラミン銀行は、２００６年に、創設者でもあるムハマド・ユヌス氏とともにノーベル平和賞を受賞した。小規模・低金利・無担保融資を特徴とする「マイクロファイナンス」の発祥とも言われる。

もとより私自身、第一勧信を持ち上げて宣伝する立場にはないが、地元の贔屓目をかなり差し引いても、地域金融機関としてのコミュニティローンの実践には、本当に頭が下がる！


（２０１８年１月19日）

若手都議との出会い……「不義理は世間を狭くする」

来日中の全米税制改革協議会グローバー・ノーキスト議長を囲む懇談会終了後、地方議員と名刺交換。その中には、数名の東京都議会議員も。都議ＯＢとして、恥ずかしながら、名刺交換した都議の一人も知らない。年齢を聞くと、ほぼ30代。政党は、都民ファーストの会とのこと。私と同じ選挙区・新宿区出身の都議すら、初めて会った次第。

私が初当選したのも31歳。四半世紀も前……。致し方ないのだが、それにしても、時の流れを感じる。

ほとんどが都議1期生。大旋風で当選した、都民ファーストの都議。次の選挙は、ほとんどが生き残れない、本当に厳しい闘いだろう!!
老婆心ながら、私からひと言。
私自身も、2度目の選挙は、初当選時の日本新党がなくなってしまい、無所属で、数百票差で辛勝した、苦しくつら～い経験!

とにかく、泥船だろうと宝船だろうと、最後まで小池百合子都知事を裏切らないこと。
「**不義理は世間を狭くする**」、裏切って、成功したヤツはいないのだから。

いとも簡単に裏切って、次の船に乗り換える……

残念ながら、政界はこう思われているからこそ、裏切らないことが大事。

そうすれば、たとえ落選したとしても、誰かがどこかで見ている。

努力をすれば、世間は見捨てない！頑張れ！

ふた昔も前の私ごときの話に、耳を傾けてくれる熱心さ。そして爽やかさ。

都民ファーストとの初めての出会い、とても新鮮だった！


（2018年1月31日）

金メダリストとホンネの食事

2018年2月、まさに平昌冬季五輪の真っ最中。連日、手に汗握る応援で、日本中が沸いている。

最近、メダルがかかった大一番の試合などは、緊張してしまって、LIVEで見ることができない。

私などが緊張しても、決して何も変わらないのだが、それほどまでに選手と同化してしまって、緊張感があふれてしまう。

そんななか、今日、柔道家の古賀稔彦氏と夕食をともに。

古賀氏はソウル・バルセロナ・アトランタと3回のオリンピックに出場、バルセロナは金メダル、アトランタは銀メダル。世界選手権は2階級制覇、3回世界チャンピオンに輝く。

古賀氏が役員を務めるスポーツエージェントの会計参与を当社が長年務めていることもあり、指導者としての古賀氏の素晴らしさも、良く知っている。

それにしても、4年に1度の大舞台で、金メダルを取れるのは、いったいどういう気持ちなのだろうか。

どんな想いで、どれほどの精神力で、4年間を走り続けてきたのだろうか？


いっぽうで、いつも気になるのは、惜しくもメダルを逃した、4位以下の選手……。

どんな想いで帰国して、どんな想いで4年間を過ごし、その後の人生をどう築いていくのだろうか。


オリンピック後、医学博士まで取得し、大学教授として女子柔道部総監督を務める古賀氏。

もちろん、ご本人の人格の素晴らしさもあるのだろうが、古賀氏の生き方には、ひとつの理想・答えが秘められているようにも思える。


オリンピックという目標に向かって、若いうちにいかに頑張り切れるか。

そして、待ち受けるオリンピック後の長い人生……いかに生きていくか。


オリンピックを目指す選手、さらに、その後の活躍のフィールドを提供し続ける。

そうすることで、選手たちも心配なく競技に集中できる。

日本中が応援して、頑張った選手に対して、歓声が届かなくなった後も、しっかりと活躍してもらえるような人生を支えていく。

だって、日の丸を掲げるため、あんなに頑張ってくれたのだから。

見ているだけではなく、支える。それも、戦いが終わった後も……。

そんな場を提供し続ける、スポーツエージェント会社の下支え役、職業会計人として深くかかわっていること。大きな責任感とともに、生き甲斐を感じている。


（2018年2月19日）

【谷井昭雄・元社長が語る、創業者・松下幸之助翁との思い出】

1

松下政経塾塾員会の年次総会。

特別講話のゲストにお迎えしたのは、松下電器産業株式会社・元社長の谷井昭雄氏。

1956年11月に、松下電器に入社。1979年に取締役に就任後、常務取締役、専務取締役、副社長を経て社長に就任。

現在は、パナソニック株式会社の特別顧問を務めておられる。

冒頭、松下政経塾塾員会の代表理事でもある逢沢一郎・衆議院議員から、谷井昭雄氏のご紹介。

私もまったく知らなかったのだが、逢沢一郎氏が松下政経塾への入塾が決まった当時、谷井昭雄氏は松下電器のビデオ事業部岡山工場長。

まさに、VHS（松下電器）とベータ（ソニー）との緊張感あふれるスタンダード争いの最中。

逢沢一郎氏が、岡山で谷井工場長（当時）とお目にかかった旨、茅ケ崎の政経塾で、久門泰・松下政経塾塾頭（当時）に報告すると
「ひょっとしたら、谷井さんは将来、松下電器の社長になるかもしれないよ」と、耳打ちされたという。

齢89歳とは思えないお元気な姿で、松下幸之助翁との思い出を語っていただいた、感動のひととき……

2

2018年は、松下電器創業100周年。

松下幸之助翁は、松下電器（現・Panasonic）にとっては「創業者」、松下政経塾にとっては「塾主」。

呼び方こそ違えども、教えと薫陶を受けた者同志……

同志と呼ばれるには、あまりにも畏れ多いのだが、親近感あふれる話から始まる谷井昭雄氏の講話。

第2次世界大戦直後の日本……経済は疲弊、道義道徳は乱れ、人心の荒廃は極に達していた。

そんな中、松下幸之助翁は、「これが、人間本来の姿なのか」と強い疑問を抱く。

「この世に、物心一如の繁栄をもたらすことによって、真の平和と幸福を実現しよう」と決意！

その頭文字をとって、運動を「ＰＨＰ（Peace and Happiness through Prosperity）」と名付ける。

人としての生きる道を、人間の本質に則り、衆知を集めて研究・実践する機関としてのＰＨＰ創設は、１９４６年11月。

１９６１年、第一線の社長を退いて、会長となって、「松下電器の経営は後方から支えながら、今後はＰＨＰの活動に専念したい」。そう、宣言された松下幸之助翁。同年は、私の生まれた年でもある。

この年を境に、京都の真々庵でＰＨＰ活動に力を入れ始め、若い研究員とともに、宇宙・自然・人間から、政治・経済・経営・文化に至るまで、人間に関するありとあらゆる研究を重ねることになる。

活動は、後年の松下政経塾創設へともつながっていく。

谷井氏が松下幸之助翁から、初めて声をかけられたのもこの年だったそうだ。

このとき幸之助翁、創業43年目・66歳。谷井昭雄氏、入社5年目・33歳。

谷井氏は途中入社、3つ目の会社が松下電器。テープレコーダー事業部の一部員として、技術者として、テープレコーダー事業部長に同行して、開発中のテープレコーダーを説明するために、京都の真々庵に。

テープレコーダーに関して、当時の先発組は、なんといってもソニー。松下電器は、まだまだ後発組。

ちなみに、京都の真々庵は、いわば松下電器の迎賓館。

真々庵に建立した「根源の社」の前に座り、幸之助翁が沈思黙考したことでも知られる。

日本間に通された、谷井氏。幸之助翁も愛した日本間に掲げられていた幸之助翁直筆の一枚の半紙。

そこには、こう書かれていたという……

3

日本間に掲げられた半紙に書かれていたのは「**素直**」の二文字。


多忙を極める大企業のトップに対する説明は、責任者が書面で簡潔に説明するのが、普通の形だろう。

しかし、松下電器は違っていた。

幸之助翁の前に、実際に商品を持ち込んで、商品を目の前にして、ときに商品開発の技術担当者からも、トップに直に説明。

谷井昭雄氏が、松下幸之助翁に初めて出会った、テープレコーダーの説明のときも、商品を前に、若い技術者だった谷井氏自らも、説明にあたったという。

ひと通り、商品の説明を聞く松下幸之助翁。聞き終わると「キミ、良いのができたやないか〜」

いくら経営の神様でも、一目見ただけでは、商品の詳細な良否まではさすがにわからない。

なのに、目の前の若い社員を褒めてくれる松下幸之助翁。

さらに続く……「ところでキミ、技術屋か？」

谷井氏「ハイ」

幸之助翁「キミな〜。今、松下の各工場で一生懸命良いものを作るために品質管理をしてくれているが、品質管理より前に、もっと大事なことは『人質《じんしつ》管理』やで」

この一言に、松下幸之助翁の真髄、松下電器の本質をみたという谷井氏。

戦後、日本の復興・成長には、良い商品を作って、貿易立国として経済立国となることが大事だった。

しかし、残念ながら、安かろう悪かろう、が当時の日本製品に対する評価。

世界に通用する日本製品にするには、品質管理のみならず品質管理を行う「人の管理」がもっと大切！

このとき、幸之助翁は、若い技術者一人に対しても、その大切さを説いた。

そのひと言が、後の松下電器の社長を生むことになる。

4

松下幸之助翁は、常に「松下電器は人を作る会社」と言い続ける。

若い技術者の前でも同じ思いを伝える。

谷井昭雄氏曰く、後年、責任者として、社長として、引退後は特別顧問として様々な経験、失敗を重ねて、今のような後期高齢者になると幸之助翁の言われていたことが、しみじみとわかる。

事業も経営、政治も経営、人生も経営。

経営のリーダーにとって大事な仕事を一つに絞るとするならば、「決断」だと、谷井氏は断言する。決めるべき時には、決めること。

時が経ち、谷井氏はビデオテープレコーダーを製作する岡山のビデオ事業部の工場長に。

ビデオテープレコーダーは、アメリカではテレビの放送局用に使われていたが、日本では、家庭用にもっと小さくして商品化したい……。そんな思いで、各社が凌ぎを削っていた。

１９７５年には、ソニーが「ベータマックス」を発売。日本ビクターが「ＶＨＳ」を発表。

まさに、ＶＨＳ vs ベータ、どちらが業界の統一規格となるか？

有名な松下幸之助、盛田昭夫会談が行われたのは、ちょうどこの頃。ソニーの盛田氏が松下電器本社に、幸之助翁を訪ねて来られ、「家庭用ビデオテープレコーダーの規格を、ベータに統一してほしい」と要請。

当時の通産省も、過度な競争は避けてほしい旨の意向を示す。

ポスト・カラーテレビは、ビデオという風潮のもと、国内での無用な競合は避けて、早々に国内規格を統一して、国際間競争に備えてほしい。

そんな、政府をも巻き込んだ統一規格問題。

ソニーの盛田氏の要請に、幸之助翁は、どう答えたか？

5

天下のソニー・盛田昭夫氏からの要請に対して、考えに考え抜く松下幸之助翁。

当時、岡山のビデオ事業部だった谷井昭雄氏のもとにも、松下幸之助相談役（当時）から二度も三度も、「キミ、どう思うか？」と、電話がかかってきたという。

そして最後に出した、経営者としての決断。

１９７６年末、松下電器本社を訪れたソニー・盛田昭夫会長に対して、ソニー製品とビクター製品を前に、松下幸之助相談役。

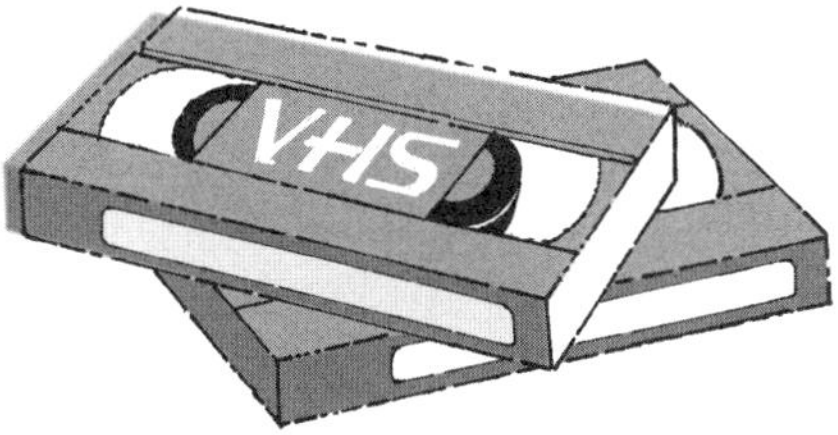

「ベータも捨てがたい」
「ソニーのも良いが、ウチのも良いなあ。どう見ても、ウチの日本ビクター製の方が部品点数が少ないな。私の所は１００円でも安く作れるほうを採ります。後発メーカーとしてのハンディキャップを取り返すためには、こちらは製造コストの安いほうでやるしかありまへんな」
たとえ競合企業であったとしても、共存共栄を旨とする幸之助翁が、なぜこういう決断をしたのか？

創業者は技術者ではなかったが、お客様にとって将来どちらが良いか、メーカーとしての、この技術が将来どのように発展していくか、米国やヨーロッパはじめ世界との競争を考えたとき、日本のスタンダードはどうあるべきか……

決して技術の専門家ではないけれど、損得抜きに、欲得抜きに、とにかく「**素直**」に考えながら、なおかつ、当時の谷井昭雄・ビデオ工場長はじめ周りの意見を、納得いくまで何度も聞いて、徹底的に「**衆知**」を集めて、日本のスタンダードとしてVHSを選択することを決断！

VHSが、松下電器の流れを汲む日本ビクター製であったことは、松下幸之助翁にとっては、あくまでも結果にしか過ぎなかっただろう。

決して、幸之助翁は「欲」だけで判断しない。幸之助翁も、企業経営者ゆえ、もちろん企業経営の損得は大事だろうが、幸之助翁が最も大事にしていた「素直な心」。

これが、幸之助翁の経営者としての「判断の根幹」。

6

「素直な心」で、社会の公器としての企業の取るべき道を、公の観点から判断する。

決して、松下電器、ビクターのためだけではなく、日本の未来、日本の将来技術にとって、どちらの道を取るべきかを決断。

そして、VHSという選択肢を決断。

結果的に、VHSがデファクトスタンダードとなり、日本のビデオ事業が世界に冠たる競争力を持つことにつながっていく。

後年の松下幸之助翁は、海外とりわけアジアの発展にも目を向ける。

１９７３年、会長から相談役となり、１９７８年、創業60周年を機に、より視線が世界へと広がっていく。

同年、当時の中国・副首相だった鄧小平氏が来日。

日本の先端技術を見たいという希望で、松下電器の工場を視察。

そして、有名な、松下幸之助相談役・鄧小平会談。

鄧小平氏から、中国経済の開放改革・近代化への協力を要請された幸之助翁。

「21世紀はアジアの時代。牽引するのは日本と中国。アジアの発展に向けて、日中は協力し合っていかなければならない」

中国の近代化に対する全面的な協力とともに、訪中を約束。１９７９年そして１９８０年と、幸之助翁は約束通り訪中、鄧小平氏と再会。１９８０年には、谷井昭雄氏も同行したという。

幸之助翁は、鄧小平氏と会談するたびに、鄧小平氏に対して熱心に経営の話をしていたという。


革命のリーダー・鄧小平氏に、経営を説く経営の神様・松下幸之助翁。

「中国を近代化しなければならない。そのための国づくりは、まさに経営」。

きっと、そんな思いだったのだろう。

7

谷井昭雄氏の特別講話の締めくくりは、やはり**「松下幸之助翁の松下政経塾への想い」**。

松下政経塾開塾は１９７９年、まさに松下幸之助翁の視線がより世界に向けられた頃。

松下政経塾も、もうすぐ40年の節目を迎えようとしている。

その節目に向けて、谷井昭雄氏から我々、松下政経塾塾員（ＯＢ）へのメッセージ……


松下幸之助翁が、何よりも大切にした「経営」。「経営」というものは、常に事業計画を立て、実行し、決算を組み、決算報告をする。その実行〜評価〜改善の繰り返しが、まさに「経営」。


国を愛し、21世紀の日本の発展にために、幸之助翁が創設した松下政経塾。

それゆえ、40年の節目、ひとつの総決算として、「事業報告書」を作ってはいかがか！

幸之助翁は、70億円もの私財を投じて設立したのだから……

創設者・幸之助翁の投資に対して、総決算の「事業報告書」を！

これからも、大きく変わろうとしている世界、そして変化に対応する日本。

激動する世界に対して、将来の日本をどう経営していくかという「事業計画書」も、一緒に作ってほしい！

創業者・松下幸之助翁も、きっとそう思っているだろう。

33年間、幸之助翁に仕えた身として、そう思う。


（２０１４年9月5日・２０１８年2月26日〜3月４日）

タートルマラソン、ウサギとカメの物語

私も理事を務める、日本タートル協会主催の「タートルマラソン全国大会」。

日本タートル協会は、２０１４年4月1日、正式に「公益社団法人」として内閣府より認定を受けた。マラソン主催団体の公益法人認定は極めて稀少で大きな意義。およそ40年前に、厚生省（当時）の許可を得て設立されて以降、中高年や障がい者の健康増進を目的としたスポーツ振興に努めてきた成果！

１９７２年にスタートした「タートルマラソン全国大会」は一度も絶えることなく、今では1万名ものランナーが集う恒例のイベントとして、しっかり定着。

日本における市民マラソンブームの仕掛人であり、女子マラソンの創始者でもある日本タートル協会。これからも、「健康」を目的とした市民大会の普及・発展を基礎におきながら、中・高年の「生きがいづくり」という重要なテーマにも貢献し、さらには障がい者が参加しやすい魅力ある大会として、私自身も、一生懸命お手伝いしていきたい！


ところで、なぜタートル（カメ）なのか？　協会のＨＰから引用したい。


「イソップ物語」の中に有名な「ウサギとカメ」の物語があります。

なぜ、足ののろいカメが足自慢のウサギに勝てたのか。

そのことは、長い人生の中での集中力と持続力（根気）の大切さを私たちに教えてくれています。

ウサギは瞬発力（パワー）には優れていましたが、ペース配分を考えなかったため、そのパワーを維持することができず、すぐに疲れてしまいました。

それに対して、カメのパワーはウサギに比べると劣ってはいたものの、上手な〝力〟の配分で、長時間、長い距離を走り歩き続けることができました。

日本タートル協会は、今から36年前（1978年）に日本最初の女子マラソンを開催し、現在の女子マラソンブームの火つけ役を果たしました。

一方、「人の尊厳」と「スポーツをする権利」を尊重し、身障者、健常者が手を携えて、「同じ場所で」「同じ時間に」「同じ距離に」挑戦できる日本唯一の大会を開催しました。

2002年の31回大会には、1969年のベトナム戦争で、友人を救助しようとして、地雷にふれてしまい下半身を失ったものの、両腕で前進し続けているボブウィーンランドさんを御招きしました。

皆さん、今こそ勇気を出して、人間本来の姿に挑戦し人生という長い時間をウェルエイジング（豊かな人生）から、プロダクティブ・エイジ（光り輝く人生）へと一歩一歩磨きをかけながら歩を進めてまいりましょう。

障がい者の参加者数が約700名……長年の尽力に脱帽

2018年には、47年目を迎えた。1万2000名の参加者も凄いが、障がい者の参加者数が約700

名(伴走者も含め約850名)というのが、他の大会との大きな違いでもあり、大きく社会に貢献している！

障がいの内容も、視覚障がい、聴覚障がい、精神的な障がい、内臓障がいとしての糖尿病等の方まで、まさに多様な参加者。

同じコースを、健常者と障がい者が、一緒に楽しく走り、歩く光景は、まさに、感動そのもの！

2016年4月、日本も「障害を理由とする差別の解消の推進に関する法律」がスタート。

社会は確実に、バリアフリーへの関心が高まる方向に進みつつあるも、実際に実践している〝企業・団体・人〟となると、まだ少なく、なかなかハードルが高いというのが、多くの実感だろう。

率先垂範して、障がい者にやさしい大会を、長年にわたって続けてきた主催者の尽力に、ただただ脱帽。

カメのようにゆっくり走れる「タートルマラソン全国大会」。

皆さん、参加されませんか？


(2014年10月19日・2018年3月15日)

タートルマラソン全国大会の様子

オヤジの命日……昔懐かしい支援者と献杯

それにしても、昨日はあまりにも楽し過ぎて、飲み過ぎてしまった。

新宿で会合があり、昔の地元の支援者も参加されるので、ぜひ顔を出してほしい、とのお誘い。

出かけると、涙が出るほど懐かしいメンバー。

私が30代、現職議員だった頃、リーガロイヤルホテルで開いた「納涼の集い」。

子ども達、家族連れにも好評だった。私たち夫婦が挨拶回りをできるように、当時まだ2～3歳だった、年子の息子と娘を抱きながら、お世話してくれた高田馬場の大後援者も！

その後、どんなにか応援してもらい、どんなにか心配をかけたことか……

子ども達にも、決して自分たちの力だけで生まれて育ったのではないぞと、言ってきた原風景でもある。

久しぶりの再会の日、図らずもオヤジの命日であることを話すと、参列していただいた葬儀当日の思い出話……。そして、献杯までしていただいた。

新宿駅近くで食事をして、みんなで腕を組みながら歌舞伎町まで歩いて、ここも昔ながらの支援者の店で、飲んで歌って大騒ぎして、楽しい。地元で近くゆえ、一緒に仲良く、昔話をしながらタクシーで帰宅。

なんとも昔懐かしく、温かい心が本当に有難く、忘れられない楽しい一夜。


（2018年3月21日）

何のために、バッジをつけて仕事をしているのか……

今日の会計事務所向けセミナー。

冒頭から、講師から我が業界に対する叱咤激励とも言える、かなり厳しいコメントの連続。

どういうわけか、こういう時に限って、最前列の真ん中の席。でもそれだけに、心に染み入るように入ってくる金言も多く、会計事務所経営者として、目を覚まされるような午後のひととき。


日本の国家予算は、いよいよ史上最大の約100兆円規模に。うち、税収は約50兆円強。

国債残高の大きさからみると、国民一人ひとり約1000万円の借金。

本格的に財政再建をするのであれば、税収増は、取りやすい「間接税」に頼るのではなく、本来的には「直接税」で果たすべきだろう。

その「直接税」の筆頭である「法人税」をしっかりと払えるような、企業会計アドバイス・支援を行っていくことこそ、税理士の本質的な役割!!


税金を通じて、税で国家を支えることで、社会貢献するからこそ、国家資格としてのバッジをつけて、仕事をしているはずだ！


国家資格をもつ税理士・会計士たるもの、本当に国家を税収面でも支えることに、貢献できているのか。

経営者の増収・増益という目的に対して、それに伴う法人税納税という社会貢献に対して、本当に役に立てているのだろうか。

こんな問いかけからスタート！

現実には、日本には7万4000人の税理士。そのうち、80歳代が11％。70歳代が14％。

10年後、税理士界はどのような姿で、企業経営者を支えていこうとしているのか!!

なんとも目の覚める、我々、会計業界への問いかけ……

外部講師に指摘されなくとも、自発的にしっかりと考え、行動し、社会貢献していかなければ！

経営の目的は、継続すること

経営の目的は、継続すること。継続することで、従業員の雇用を守ることができる。

中小企業が倒産する最大の理由、約4割は「販売不振」。

モノが売れない時、営業マンにハッパをかけてどうする!?　そうではなくて、モノが悪い！

だから、社長は売れる商品を開発しなければならない!!

翻って、会計事務所。

新しい商品開発をしているだろうか。

税務が無償独占業務であることに甘んじて、月次顧問契約に安住していないだろうか？

会計事務所が支える顧問先が求めていることは、売上を上げること。客数を上げて、利益を上げること。そのためには、売れる商品を作らなければならない。果たして、この指導ができているだろうか。

ＡＩでできることはＡＩに任せて、顧問先との接触回数を増やしていく。経営情報を提供できない会計事務所に、存在価値はないかもしれない。

経験の長い会計事務所経営者は、年輪があるので、年輪を背景にして「経営とは」「人生とは」等々を、事業継承にあたって説いていく。

そして「財務」。経営者を安心させるのは、売上でも利益でもなく、とにかく資金繰り。資金繰りが心配になってくると、経営者は短期的な思考になってしまう。会計人にとって「財務」とは、生産・販売・開発の値を最大値にするための判断材料を、顧問先に提供すること！

当社は、「会計顧問」「税務顧問」「財務顧問」「経営顧問」「教育研修顧問」等々と多段階にわたる顧問契約業務を提供する……かなり特徴ある部類に入る会計グループかもしれない。厳しい指摘を受けるまでもなく、しっかりとクライアントに貢献しなくては！

（２０１８年４月４～５日）

30年超の苦労話……聞いているうちに「涙」「握手」「ハグ」

昨日、歯科治療後、眠れなかったカラダと、ボ～っとし続けているアタマを抱えながら、痛み止めの薬をもらい、午後になって、なんとか出社。

社内決裁、担当者からの報告。そして16時からの来客対応を終えて、17時3分発の小田原行き小田急線で平塚市内の焼肉店へ。

長きにわたるクライアントの実家が、31年間にわたり、地元の平塚市内で焼肉店を経営。

もともとは、亡くなった祖父とお母さまが創業。焼肉店に育てられたといっても良いくらい、お母さまにとっては、苦楽のいっぱい詰まった店内。

体調が悪く、さすがに今日は行けないかもしれないと、かなり弱気になって、直前まで心と体と相談していたのだが、今日を逃すと、かなり先まで行けないかも。

どんなことがあっても、当社のクライアントの実家でもある焼肉店で、お母さまとお目にかかりたい。

そう思うと、不思議なことに痛みも少し和らいで、薬を手に、小田急線で新宿駅から1時間20分。

お母さまから、30年超に及ぶ苦労話。子育てをしながら頑張り続けて来られた、感動のエピソード。

図らずも5月1日から、ご長男が焼肉店を本格的に手伝ってくれることに。

米国在住のご次男も、帰国のたびに夫婦そろって焼肉店に来て、親孝行してくれるそうだ。

聞いているうちに、涙が出てきて、最後は、お母さまとご長男の両手をしっかりと握りしめて、親孝行を約束。息子さんには怒られそうだが……お母さまとハグして焼肉店訪問を終えた次第。


決算説明は、すべて当社担当社員から。

私からは、資料提出の時期に関して、言いにくい事柄だけ、しっかりとハッキリお願い。

それだけ終えると、美味しい焼肉を食べて、握手してハグだけ？

一体全体、私は役に立っているのか？　やっぱり役に立っていないのか？

でも、社内でしっかりと打ち合わせを重ねて来ているだけに、クライアントと真心を通じて、ともに涙しているだけのこんな職業会計人がいても、どうか怒らずに……お許し願えればと。


帰りの小田急線の車中、領収書を見たら、お母さまにすっかりご馳走になってしまっていたことに気づき、慌てて、米国在住のご次男に、お詫びとともに御礼のメッセージ！

今日もこんな出会い、感動、感謝をしながら一日を過ごせること、幸せな気持ちでいっぱい。


（２０１８年５月２日）

捲土重来組を、本気で本格的に応援したい！

一昨日、都議時代の同僚議員の長男が来社。


ご子息の話はよく聞いていて、いい息子だなと、ずっと思っていた。

確か一度か二度、都庁でもお会いした記憶があるが、聞いてみると、「当時はまだ中学生」とのこと。

今や、妻子ある立派な38歳と聞いて「こっちも歳をとるわけだよな～」と、妙にナットク。


かくいうご子息も、数年前、市長選に挑戦して惜敗。捲土重来を目指しておられる。

最近、そんな捲土重来組を、本気で本格的に応援しようと、実は心ひそかに燃えている日々！


働き方改革の影響もあり、大企業でも副業を認めたり、推進したりするケースが増えてきた。

議員や、選挙候補者は、やはり相応の知識・経験・人脈がある。

その能力を生かせば、副業どころかしっかりと本業ができるはず！

自身の何を磨けば、ビジネスに結びつくのか。どう組み立て、スキームを作ればよいのか。

政治活動とも両立するようなビジネスや事業を、どんな視点で見つければよいのか。

特に地方議会は、４年間という期間が決まっているだけに、政治活動と経済活動とを、選挙までの期間に応じて、軽重を付けながら並行して進めていくこともできる。

そして何よりも、松下幸之助翁も言われていたように「政治も経営」！

だからこそ、会社でも個人事業でも、実際のビジネスができる人は、選挙という目標に向けてのマネジメント「経営」ができるだろうし、議員、首長としての行政のマネジメント「経営」もできるはず！

まさに私自身、政治と経営と、二つの道を年限を切って歩んできただけに、また今もって、本当に多くの政治家、ＯＢ、候補者が訪ねてきてくれるだけに、まさに、幸之助翁の「政」治「経」営塾出身の私に課せられた使命のようにも思う。

「経営のできる政治家」「政治家の経営感覚」を磨いていくことに、真剣に燃えてサポートしていきたい!!

旧知の皆さん、もちろんボランティアでサポートしますよ。

（２０１８年5月18日）

印刷会社＋会計士「鹿と共生　雑貨づくりファンド」

3日前、ジャグラ全国大会で、私の席まで駆け寄ってくれた印刷業界役員。

奈良市で87年間、3代目として印刷業を営む傍ら、奈良公園のシカ保存のために、クラウドファンディングを活用した「鹿と共生　雑貨づくりファンド」を、地元奈良から展開している。


誰もが一度は訪れ、誰もが知る、シカとのふれあいで有名な奈良公園。

しかし、観光客が捨てるゴミを、シカが誤飲してしまう事故が絶えないという。

そんな状況に心を痛めて、奈良公園のシカと環境を守ろうと、地元・奈良の老舗印刷会社が、公園散策用の「捨てられにくい紙袋」やエコバッグなどの雑貨づくりを応援するファンドを立ち上げた。


そしてそのときに、受けた相談。

高校から大学とサッカー一筋で、活躍してきた一人息子が、公認会計士を目指し始めたという。

もちろん、会計士として活躍してくれるのも良し。

会計士として頑張りながら、印刷会社もできるのだろうか? 会計士と経営者は、両立できるのだろうか?

印刷会社を継いで、かつ会計事務所を経営する私に、ぜひともその点を、聞いてみたかったそうだ。

私の答えは、即座に「できる！」。
いや、どちらかというと「両立すべき！」。
私自身、国家資格をとって何が一番役に立ったかというと、「経営の相談は他人ではなく、自身で答えを出せるようになったこと」

経営者の本当の痛み、印刷業などの製造業の気持ちは、やはり同業を経験しないと……

やはり同じ悩みを乗り越えてこないと……

会計、税務、監査だけ傍から支えているのでは、「私＝安全な場所にいる顧問」「あなた＝危険な場所に踏み込む経営者」というのでは、悩み・痛みを心底から共有できない一線があるように思う。


その本人、息子からFacebookの友達リクエスト。

知らない名前？　大学生？　地方都市？

「誰？」と一瞬思ったが、すぐに件の会計士志望の息子さんと気づく。

この素早さだけでも、親子の密なコミュニケーション、親子の信頼関係の深さ、いかに仲が良いかがよくわかる！


（2018年6月5日）

他山の石

会計事務所業界にとって、ＰＣは必需品でもあり、クライアントへの業務提供をするうえでの生命線！

もちろん今や、多くの業界でも同じ状況かと。


とりわけ、我々、ＴＫＣ会計人にとっては、会計業界では最先端、かつセキュリティ度も高いＴＫＣの税務会計システムを使っているだけに、ＰＣの機種選定時にも、ＴＫＣの保守サービスが付帯された機種を必然的に購入することになる。

ＴＫＣが提携しているのは、現時点では富士通と東芝のみ。

当社は、東芝Dynabookを複数年にわたり複数台、購入し続けているのだが、なんと6台中5台までも、この数年でＨＤＤが損傷、取替えを依頼する事態に。


あまりにも頻発するので、これじゃあリコール対象?!

昨今の東芝報道もあって、社内の東芝Dynabookへの不信感は限界。

ＰＣのＨＤＤが損傷すると、クライアントにも迷惑をお掛けしかねない事態にもつながるため、バックアップには慎重を期しているが、一昨日も夜22時過ぎまで、ＴＫＣ担当者付き添いのもと、東芝から補修に来てくれていた状態。

ＴＫＣ自体の責任でも何でもないのだが、昨日は、雨のなか、ＴＫＣの責任者も来社。

ＴＫＣの保守サービスと連携できるＰＣ機種を、広く増やしてほしい旨をも要請。

東芝がDynabookを事業譲渡したらどうなるのか？

やはりシャープが、東芝の選択肢を引き継ぐだけで、その他の選択肢は増えないのか。

担当者が不具合にすぐに対応できない場合には、複数で即対応できる体制。

もちろん、雨のなか来社してくれたＴＫＣ責任者も、平身低頭、すぐに対応を約束してくれたのだが。


ちょっと、待てよ?! これって、そっくりそのまま、まさに我が社にも当てはまる。

クライアントから連絡があった際、担当者がすぐに対応できないとき、上司や部下など、複数ですぐに対応できる体制に。

ＰＣの不具合はつらかったが、ＴＫＣの対応に学ぶべき、我が社の対応……まさに「他山の石」。


（２０１８年６月７日）

生まれて初めて接する税理士かも

新宿区内の児童・生徒に対して、税理士会として税金に関する授業を展開する「租税教室」。

今日は、中学校3年生。7月20日に1学期の終業式を控え、夏休み前の最終週1コマ目の授業。

授業開始前、同校の校長先生に伺ってみると、今まさに、夏休み前、父母も含めた三者面談の真っ最中。

もちろん楽しい夏休み、されど高校受験前の中学最後の夏休み。


聞いてみると、都立高校の受験では、社会の科目もあるとのこと。

それならば、大事な時期を迎えるなか、大切な授業の一コマを割いてくれる中学3年生に、些かなりともお役に立ちたいと、気持ちを込めて2コマ、計100分の租税教室。


まずは「税の意義・役割」。税はどうして必要なのか？

そして「税から考える社会の仕組み」。税の種類や公平な負担、民主主義について。

さらに「財政の現状と今後の課題」。平成29年度一般会計の歳出・歳入と今後の課題について。


今日の中学校は、税理士会四谷支部長の母校で、初めての租税教室開催だったこともあり、校長先生、支部長も参観されるなか、私自身も自然と熱が入る！

「税の集め方」に関するアクティブラーニングでは、公平な税負担の決定方法に関して、間接民主主義的に各班代表者による模擬国会的な全体の意思決定過程を体験してもらう。さらに、代表者会議でのコメントを受けて、直接民主主義的な全員挙手による意思決定過程も試みるなど、財政問題・民主主義・憲法も含めて、「税から考える社会の仕組み」への意識が高まるような授業内容を展開した次第。

そして名残惜しい、授業の最終盤。

いま目の前で授業を聞いてくれている中学3年生20数名にとって、もしかすると、生まれて初めて接する税理士って、この場にいる私かも……。名残惜しさとともに、そんな思いが強烈によぎる。目の前の生徒たちにとって、税をどう感じ、税理士にどんな印象を抱くかは、今この「真実の瞬間」が、大きな影響を及ぼすかも……。

私自身、100分間、熱心に向き合った満足感とともに、一生懸命、税金に向き合ってくれた生徒たちと目が合った。「熱意は伝播する」の言葉通り、良い意味での「真実の瞬間」となってくれたことを信じて。

（2018年7月17日）

「山崎さんの本、回覧していますから」

深川ワイナリーで話題になっている企業オーナーとミーティング。企業の成長、事業拡大、多店舗展開等々に、会社組織や人が追いついて行っていないことを称して、「成長痛」と語られる。

その成長の段階に合わせて、様々なサポートメニューを、提供してほしい。

当社のような「ビジネスパートナー型会計事務所」に期待されているのは、このような企業ニーズに、会計プロフェッショナルとして、応えていくこと！

それにしても、嬉しかったのは……

「山崎さんと初めて会ったばかりなのに、どうも初めてという気がしなくて……ずっと、考えていて。そしたら、分かった！メルマガをもらっていたんです。面白い内容だったから、印象に残っていました。でも、なぜ、面識のない私にまでメルマガを？　登録していましたっけ⁇」

「あっ、それは当社社員が名刺交換した方は、欠礼がないように、総務が名刺を共有しています。代表者として私が、社員名刺交換の御礼メール。そして定期メール配信のご挨拶をしているからです」

ちょうど、ＣＲＭ（Customer Relationship Management）とコミュニケーション推進の話をしていたところだったので、当社のCRMについても、感心していただいた様子。

そして、メルマガを印象に残していただいていたこと……

先日、贈呈した拙著も、忙しいなか社長に読んでいただいた後、社員さんにも回覧していただいているとのこと……とても嬉しかった。


当社のような会計人の集う士業チーム。

24時間、365日。経営の最前線に立つクライアントと接しながら、ビジネスパートナーとして、会計をベースに「経営」に知恵を出し続ける日々。

でも実は、私たち自身が、数え切れないくらい多種多様な経営者の声・経験に接して、あらゆる場面での経営者とのミーティングを通じて、勉強させてもらっている！というのが実感。

それで、顧問報酬まで頂戴してしまい……本当に有難いかぎり。


帰り際、一緒に訪問していた、当社若手幹部と
「20代から、こんな経験を積み重ねられる仕事、他にないよね」

「そうなんです。本当に有難いかぎりです」

「報酬までいただいて……」

私と同じ想いで、感謝の気持ちで、経営者に接してくれていること、本当に嬉しかった。


（2018年9月7日）

さすが三笠会館「義理は世間を広くする」

東京グラフィックスサービス工業会の社長講座総会で、銀座の「天厨菜館」にて北京料理を堪能。その後、やっぱり銀座にいる以上、このままでは帰れない、と、誰から言い出すわけでもなく、自然と二次会に。三笠会館の地下に、行きつけのバーがあるという社長に誘われて、これまた銀座のど真ん中三笠会館に。

三笠会館は、以前、議員時代に後援会副会長ご用達のレストラン。何度となく食事をご馳走になった、私自身も思い出の場所。その三笠会館のバーに連れて行っていただけるというので、地下に降りて席に座ろうとすると、どうも店を間違ったようにソワソワ……。様子が違う。どうやら引き返す雰囲気……。なぜかと聞いてみたら、どうやら三笠会館のバーで、長年なじみのバーテンダーが、先ごろ退職して、独立したらしい。だから、そっちへ行こうとのこと。

この時の、三笠会館の対応……これまた素晴らしい。独立した先のバーまでの道順を、懇切丁寧に教えてくれる。夜の銀座の道すがらを、酔客相手に説明することほど、手間のかかるハナシはないだろうに。

案の定、それなりに迷った挙句にたどり着いた「Ｂａｒたか坂」。

狭いバーだが、ほとんど満席状態。なかには、あまりにも混んでいて諦めて帰られる方も。気を使って、長居せずに席を立たれる方も。そのくらい、千客万来。

「これ、とにかく美味しいから、飲んでみて」

先輩経営者に薦められて（正確には、奢ってもらって）飲んだカクテルが「マスカット・シャンパン」

冷やした種無しマスカットが二つ、氷のように入っていて、冷えた上質のシャンパンが注がれる！

これがまた、なんとも言えず絶品。中華料理も絶品、バーのカクテルも絶品。

「こいつ、お店の回し者か」と疑われそうなくらい、褒めちぎりなのだが本当に美味しい。


ところで、今日の主題……それは言わずもがな、三笠会館の対応。

長年、バーテンダーとして勤めてくれた方の独立を後押しするかのように、嫌な顔ひとつせずに、面倒そうな顔ひとつせずに、退職した人気バーテンダーを慕って、間違って（?·）、三笠会館に来店される客を、次から次へと、別の店に誘導していく。今日のところは三笠会館へ……などとはオクビにも出さずに。

マスカット・シャンパン

それだけ、オーナー、高坂壮一氏の三笠会館の卒業のしかたが、素晴らしかったのだろう。
まさに、「不義理は世間を狭くする」の反対で、「**義理は世間を広くする**」とでもいおうか。

（2018年9月9日）

たかが3時間、されど3時間

先日開催された「けやきの会」新人担当例会。

「けやきの会」は、東京青年会議所新宿区委員会のOB・OG会。

40歳になって青年会議所を卒業して、晴れて「けやきの会」に入会した新人が担当する例会。


いつもは、家族同伴OKというか、夫人や家族の同伴、大歓迎なのだが、今日だけは、わけが違う。

家族同伴をあえて「しない」会合に徹している。

それはなぜ？　家族が一緒だと、昔を思い出してバカ騒ぎができないから⁇　とも勘繰りたくもなるところだが、かなり真面目な趣旨に、かなり感動‼


お台場から船を貸し切ってナイトクルーズしながら、BBQを楽しむのがメイン！

そして、サブタイトルには～世代を超えた絆を築こう～とある。

家族が同伴してしまうと、どうしても会員は家族サービスが優先になり、会話も年代の近い、昔、同じ時代に活動したメンバーに偏りがちに……なってしまう。

そこで、あえて家族同伴をなくして、座席もあえて「世代を超えて座る」ようなセッティングにして、親子ほども、いや孫ほども年齢が離れた、JC出身の経営者同士が、楽しく一緒にゲームに興じ、食事を楽しみながら会話が弾んでいく仕組み!!


最初は、テーブルごとに、30枚のＡ４用紙を使って、いかに高く積み上げられるかを競うゲーム。

そして、前掛けをしながら、大のオトナが、哺乳瓶に入ったミルクを飲み干す速さを競うゲーム。

さらに、世代を超えて、チームが和気あいあいと盛り上がるような、楽しいゲームが続々と。


19時乗船～22時下船。たかが３時間、されど３時間。

貴重な時間を、単なる飲み会・懇親会に終わらせてしまう、後輩主催の「先輩おもてなし」の消化試合に終始してしまっても、先輩諸兄は、それなりに満足して帰ってくれるだろう。

しかしながら、その貴重な３時間を、練りに練って、世代を超えた絆が深まるように、工夫を凝らしていく「先輩と後輩との絆づくり」に徹してくれた、後輩諸兄の熱い想いと、当日までの準備に、あらためて心が熱くなった一日！


私も27歳～40歳まで、なんと13年間もＪＣに在籍。親父に怒られながらも、毎日・毎晩のように活動に明け暮れて、大好きだったＪＣ！　やはり若い頃、ＪＣにいて良かった！

後輩諸兄に心から感謝しながら、あらためてそう感じた一夜!!


（２０１８年9月30日）

「今年一年、いくら消費税を払いましたか?」

平日の今日、午前10時から午後1時まで、東京税理士会館に缶詰めになって、租税教育講師養成研修会。何度も更新しているのだが、更新の都度、研修会に出席して最後の受講票兼アンケートを出さない限り、出席とは認めてもらえず、登録講師として租税教育に携わることができなくなってしまう。

〝運転免許証の更新〟よりも、かなりキビシイ(!?)租税教育の講師研修会。

でもそれだけに、出かけてみると、気づくことがいっぱいで、租税教育に対する意識も高まる。

忙しい平日の午前中を費やしてまで、行くだけの価値は大いにある!!

なかでも、租税教育に対する認識を新たにしたのは、中央大学商学部・酒井克彦教授によるビデオ講座。

年末に新橋駅で見かける街頭インタビュー。

「今年一年、どんな年でしたか?」

そんな質問に代えて

「今年一年、いくら消費税を払いましたか?」

「今年一年、所得税源泉徴収された金額は?　社会保険料はいくらでしたか?」

このような質問をした方が、よほど納税者意識が上がるのではないか。そんな投げかけも。

米国は「タックスリターン」。申告すると還付が受けられるので、その日は待ち遠しくて仕方がない。日本は「申告納税」。所得税の確定申告をすると、税金を払わなければいけないケースが多い。だから、その日は来てほしくなくて、仕方がない。

「税」を通じて社会を考えることが大事で、「税」はあくまでもツール。しかしながら、ほとんどのサラリーマンは、税務署に行ったこともないまま、税務署と付き合ったこともないまま、税務署がどこにあるのかも知らないまま、一生を終えていくのではないだろうか。

「あなたが税金を納めている税務署、どこにあるか知っていますか？」

試しに、そんな問いかけをしたら、いったい、どれくらいの人が答えられるのだろうか。

「無償独占」という職業は、医者と税理士くらい。

仮に無償であっても、医者以外が医療行為をすると、税理士以外が税務代理をすると、法律で罰せられる。

それだけに、税理士が社会の公器として、租税教育に力を尽くすことは、大いに意義のあること。

できれば、次の世代にも早い段階から租税教育を行い、「税」に対する意識を高めていくこと。

講演の後半、アメリカの独立宣言にもつながったボストン・ティーパーティーにもふれながら、欧米は「民主主義」を自分たちの手で勝ち取ったのに対して……

日本は第2次大戦後「民主主義」というスーツを輸入。丈が長かったり、袖が短かったりしたままで、まだ日本に似合った、フィットした「民主主義」になっていない。

自分たちの手でつかみ取った、自分たちの手で作った、オーダーメイドの「民主主義」ではないからだとの指摘……しっかりと問題意識を共有して、社内でも議論してみたい！

（2018年10月17日）

上場で大きく変わったこと！この3つ

先月上場された、当社クライアント・オーナーとミーティング。ここ数年間、黒子役として微力ながら支え続けてきただけに、とても嬉しく、久しぶりにお目にかかる社長との面談を楽しみに伺う。

上場当日、私自身は海外出張中だったので、遅ればせながら今日は、「来し方」を想いながら、これまでの苦労と喜びを分かち合うとともに、今後の成長戦略「行く末」を、社長とともに語り合った次第。

上場したことで、大きく変わったこと！メリット!!

①素晴らしい人材が集まるようになったこと。東大法卒、メガバンク経験者等々、従前とは比較にならないくらい、優秀な人材が応募してくれるようになったという。

②個人保証が外れたこと。これまで、かなり大きな金額を、個人保証をして金融機関から資金調達してきた社長にとって、個人保証が不要になったこの「軽さ」……言葉には言い表せないくらいだという。

③資金の調達金利が、上場によって格段に低くなったこと。

さらに、このオーナーの素晴らしいところは、上場後、全社員と時間をかけて面談して、マンツーマンでこんなヒアリングをしたという。

①上場前後での心境やモチベーションの変化
②上場後、上場会社社員として、何をやりたいか？
③上場後のキャスティング（人事）に対する意見
④上場後、これまでにはなかった不平や不満は生じていないか？

東京証券取引所で「上場の鐘」を鳴らしたとき、鐘の音の中に、見えるものがあったという。なんとも言えない「重さ」を感じたそうだ。まさに、これが「観音（音を観る）」の世界なのかもしれない。

隣りに座っていた、これまで担当者として張り付きで頑張ってくれた女性税理士と、時に顔を見合わせながら、社長の言葉にうなずく場面が、なぜか二人とも一緒だったのが……

これまでの日々を分かち合えているようで、とても嬉しかった。


（2018年10月29日）

「良縁」「合縁」「奇縁」とも言えるかのような……不思議な日曜日

「良縁」「合縁」「奇縁」とも言えるかのような、ご縁があった。

昨日11月11日、ゾロ目の日曜日、私にしては珍しく、久しぶりに日曜出社。

というのも、海外のパートナーから、日本で先進的なビジネスを展開し、海外進出も検討してもらえる企業をぜひとも紹介してほしいとの依頼。

今や全国のみならず、グローバル展開される幼児教室オーナーを紹介すべく、まずは実際の教室展開をこの目で確認しておこうと、クラスが始まる前、朝9時30分から、同社オーナーと面会。

午前11時過ぎに自社に戻り、電話すらかかってこない静かな社内の雰囲気に、ホッと落ち着きながら、今週これから一週間の業務スケジュールに、頭をめぐらせていた。

午後2時、静まりかえったオフィスの電話が鳴る。

着信を見ると、外線1番……代表番号への電話。電話番号ディスプレイをみると、固定電話からだ。

おそらくは、代表電話でなければ、関連会社への営業電話とも思い込んで、出なかっただろう。

固定電話ではなく、携帯電話からだったら当社担当者あてと思い込んで、出なかったかもしれない。

でも、今日は自分で受話器をとった！

電話の主は、近くに勤務される弁護士。

「今日は、やっていますか。ネットで検索したら、とても近くだったので、日曜日ですが、今から相談に行きたいのですが」

今週中に判断したいことがあるので、今日、相談に乗ってほしいとのこと。

「わかりました。午後2時30分にお待ちしております。

今日は誰も社員がいないので、十分な来客対応ができないこと、どうかお許しください」

この後は、守秘義務にも関わるので割愛するが、お目にかかった瞬間から、とても惹きつけられる魅力ある弁護士さん。ご相談を伺ううちに、お互いすっかり打ち解けて、即日、顧問契約締結にまで。

先週、妻から「ヒマそうにしているなら、たまには日曜日もオフィスに行って仕事をしたら……」とも言われたこともあり、少し仕事のフリでもしようかと、やましい動機もありながら、この日に限っては、珍しくオフィスへ戻った。そこに一本の電話が入り、今年初めて自ら受電。

普段なら、打ち合わせを終えた後は、家に帰って本でも読んでいただろう。

それにしても、日曜日朝から仕事をしていると、神さまは「良縁」「合縁」「奇縁」を授けてくださる。与えてもらった「素晴らしいご縁」……長く心から大切にしなければ。

（２０１８年11月12日）

会計事務所の思いと歩み

立ちかけた、その時

毎週月曜日は、朝から事務所清掃。そして、事務所全体ミーティング。

２０１１年度初の全体ミーティング。士業の枠を超えて、全員が集まる。

今日の議事進行は、社会保険労務士。


前週、残業後に食事をした際、朝のミーティング時間が長いと、本音で厳しい指摘があった。

そこで、今週は時計の針を見ながら、極力コメントしないように進行。

ミーティング開始から1時間17分。

終了間際、「これで終了。今週も、宜しくお願いし……」と皆が席を立ちかけた、その時。

「ちょっと、待ってください！」と、一人の部長が血相を変えて言い出す。

「Sさんが亡くなられて、丁度一年になります！」


そうだ。決して忘れてはいけないことを、言い忘れていた。

先週末、去年の手帳を引っ張り出して、４月３日、土曜日の朝だったなぁ…と、感慨深く一年前を思い出していたばかり。

サラリーマン時代から社会保険労務士を目指していた姿を見て応援し続け、やっと合格した後で当社に誘い、何にも負けない志を身につけてもらいたく、上甲晃塾長の主宰する青年塾への入塾を強く勧めた。しかし、あと少しで研修終了というところで、急死してしまった。

「あの時、私が資格取得を勧めなければ」「当社に誘わなければ」「青年塾に誘うのが早過ぎたのでは」

連日、そんな自責の念に駆られながら過ごした一年前。

貴君のことは、決して忘れない。皆も、決して忘れてはいない。

すべての社員さんとともに黙祷をしながら、あらためて心に誓った。


（2011年4月4～5日）

国を支えて、国を頼らず？

午前10時30分。久しぶりに、懐かしい顔が見えた。

1年半強、産休だった中国人スタッフが、1歳半の長男を抱いて戻ってきてくれた。

思い起こせば、北京オリンピックの直前、彼女の結婚式に招かれて北京まで出かけた。覚えたての中国語を交えて、「日中の架け橋になってほしい」とスピーチしたことを思い出す。

彼女を含めて、当社の産休スタッフは2名。

良い社員さんに限って、なかなか戻ってこられない。世の経営者が、総じて抱えている悩みだろう。

悔しさからというわけでもないが、いま顧問先の保育園事業の展開に協力している。

有能かつ意識の高い女性が、安心して結婚、そして出産できる環境を作る責任を強く感じる。

行政に作れ、と物申すのは容易いが、まずは自らできることを探せる経営者でありたい。

まさに、福沢諭吉が「学問のすゝめ」で説いた『国を支えて国を頼らず』だ！


（2011年6月9日）

熱弁

毎週月曜日、グループの定例全体ミーティング。

「クライアントを、徹底して守り抜こう！」と、朝から熱弁をふるった。

当社の経営理念を再確認する。

『事業を通じた社会貢献』～会計を通じて、会社・地域・国家を強くする～

『仕事を通じた自己実現』～高い社員満足度こそ、最大の顧客サービス～

なぜ、会計事務所に入ったのか。なぜ、税理士になろうと思ったのか。自らのキャリアを積むためだけではない。知識と経験を積むためだけではない。関与先を守り抜くことを通じて、社会に貢献するためだ。

毎月、巡回監査するのも、3か月前に、決算対策するのも、毎月、事業計画書を作成して予実（予算&実績）管理をするのも、経営改善計画書を作成して金融機関に提出するのも、創業時に5カ年の中期事業計画書を作るのも…

「今期は、赤字か黒字か」
「資金は、足りるのか」
「金融機関から、急ぎ資金を借りなければ」
「新しい事業は、軌道に乗るのか」
そんな不安を抱えながらも、頑張る経営者を支え、守り抜くためだ!!

（2012年3月26日）

褌をしめていかなければ……

月末、支払日。曜日の関係で、今月は30日が、当社もクライアント顧問報酬の銀行口座振替日にあたる。本当に有難いことに、ほとんどのクライアントが、期日にキッチリと顧問報酬を振り替えてくださる。心から感謝の気持ちでいっぱい……

良い時もあれば、つらい時もあるのが、企業であり事業。

資金繰りが良い時もあれば、資金繰りがとても厳しい時もあるのが、経営の常。

ありとあらゆる業種のクライアントと、ともに歩んでいるなかで、そんなことを、節目節目で実感するのが、月末、支払日。

でも総じて言えることは、資金支払いのしっかりしている企業は、事業が安定し、成長している（していく？）という実感を、これまでの経験から、私自身、強く抱いている。

もちろん、**資金繰りに窮することも一度や二度ではないはずだが、取引先との約束、社員との約束、ひいては社会との約束をしっかりと期日通りに守り抜く！という経営者が率いる企業は、まさに『公器』として、社会が放っておかないのかもしれない。**

当社も、褌をしめていかなければ。

（2014年6月30日）

コンサルタント的な仕事、お願いできますか……

旧知の生保会社の方が来社。

「コンサルタント的な仕事のできる税理士、会計事務所を探している方がおられて、先生ならと思って」

多少、手前味噌的な部分は差し引いていただいて、こんな相談があり、紹介案件の概要をお聞きした。

当社でお役に立てるかどうかは、ともかくとして、以前、拙著でこのように書いたことがある。


私の描く会計事務所像は3階建て。

1階は、税務・会計業務をする部門。「過去会計」をしっかりと決算・税務申告していく部門。

2階は、月次でしっかりと作成した事業計画書に基づき、短期（1年）、中長期（3〜5年）スパンの事業計画書を、損益・資金も含めて「未来会計」的に立案していく部門。

3階は、会計部門をベースに、経営コンサルティング、マーケティング、営業支援、流通・決済支援、海外市場展開等々、広く「マーケティング」や「コンサルティング」を展開していく部門。

お渡しした拙著を見ていただいた途端、「そう、そう、こんな感じ」と言っていただけたのが、とても嬉しく、その場で紹介先に電話をされて、週末、先方とお目にかかることに。

果たして、「コンサルタント的な仕事」……お任せいただけることやら?!


（2014年7月1日）

相手ながら、あっぱれ!

東京国税局の特別整理部門。クライアントとともに滞納税金納付の件で訪問。

最初は、若い担当官と話をして、今日はやけにあっさりしているな……と思いきや、途中から上席者が加わって、気がついたらなんと1時間半もの面談。

敵ながらでもないが、相手ながら国税局担当官の一言が見事だった。


税金は、なんとか逃れようとするものではありません。

他の経費と同じように、会社が事業継続していくには必要なコストだという認識を再確認していただきたいのです。

ですから、他の経費支払いを先にして、税の支払いを後回しにする。税金を滞納したままにして、言い逃れに終始する。誓約した、滞納税金の納付計画を守らない……

一時的にうまく切り抜けられたとしても、社長がこのような姿勢の会社は長続きしないことを、私たちはずっと見続けてきました。苦しいかもしれませんが、納税は会社が存続していくために不可欠な責務だと思っていただけることが、ひいては会社を強くすることにもつながると思うのです。


思わず、「その通り、よくそこまで言ってくれた。本来なら、私が言わなければならない一言」。

目の前の担当官に、唸りながらそう話しかけていた。

この日を境に、会社が強く逞《たくま》しくなっていくように思えてならない。

（２０１４年9月4日）

1万円以下も領収書！当然かと!!

地方議員には、政務調査費（現在は、政務活動費）なるものがある。今から、もう20年も前の話だが、私が都議会議員のときには月額65万円という金額の大きさに驚いた記憶がある。

２０１４年10月29日、最高裁第2小法廷にて、岡山県が条例で、1万円以下の政務調査費については領収書の公開を義務付けていない問題で、政務調査費の交付を受けた岡山県議らに、1万円以下といえども領収書等の提出を命じる決定を下した。

47都道府県のうち、領収書提出に金額制限をかけているのは、岡山県のみだという。

2審の広島高裁岡山支部では、領収書の公開で不利益が生じるとして、公開を認めなかった。

実際に、政務調査費をもらったことのある経験からすると、領収書の公開で不利益が生じるのは、議員個人の公私混同的支出が明らかになりかねない不利益で、決して公共の福祉を損ねる不利益ではない……

そう、かなり断言できる。

そして今、納税者の代理人たる仕事をしている立場からすると、税金を納める側の法人・個人が、1円単位まできちんと記帳して納税しているにもかかわらず、税金を使って仕事をする側の地方議員が、1万円以下の領収書は公開しなくて済むなどという道理は、どう見ても成り立たない！


（2014年10月30日）

ESか？　CSか？

今日は、当社の忘年会。毎年のことながら、この日だけは、意識がなくなるくらい泥酔してしまう。それだけ心を許して、時が過ぎるのを忘れるくらい、社員さんとの楽しいひととき！

思い起こせば、かつて経営理念を創り上げるとき、悩みに悩み抜いた。

社員満足度（ES）か？　いや顧客満足度（CS）か？　どちらを先に掲げるべきか？
悩みに悩んで、出した結論が、まさに今の経営理念に表れている。

「仕事を通じた自己実現」　～高い社員満足度こそ、最大の顧客サービス～

今、こうして一緒に酒を飲んでいる。
今、こうして一緒に寿司を食べている。
今、こうして一緒にカラオケで盛り上がっている。
今、こうして一緒に肩を組んでいる。
今、こうして意識がなくなるくらいに、一緒に泥酔している。

そんな、かけがえのないくらい、大切な愛する社員さんに、日々、満足して幸せな気持ちで仕事をしてもらえることが、何よりも関与先に満足していただける仕事をし続けることにつながると信じて……。

（2014年12月27日）

ちょっとだけ「イクボス」?!

第2子の出産で、育児休暇中の女性社員から、嬉しい報告。

長男が通っているのと同じ保育園に、それも自身が住むマンションの1階にある保育園に、次男も入園することができそう。

だから、4月1日から正式に復職できそうだという。

仕事でもプライベートでも、普段はあまり感情を表に出さないタイプの女性なのに、今日は声が上ずっている。子どもを預けて、また専門職に復帰できることが、大そう嬉しそうな様子。

彼女は、中国・大連出身。北京出身のご主人との結婚披露宴に、北京まで出向いてスピーチをしたのが、とても懐かしい。大学生のインターン時代から在職してくれて、我が娘のように大事にしてきただけに、我がことのように嬉しい!

そういえば、バレンタインデーの2015年2月14日、日経新聞の「ウーマン・コーナー」に、「イクボス」特集が組まれていた。

同紙によると、「イクボス」とは、育児や介護など、私生活と仕事の両立を目指す部下の事情に配慮し、活躍を後押しする上司……とある。

「イクボス」かを判断するチェックリストをつくり、それに沿った行動をした上司に「イクボスカード」

を贈ったり、「イクボス」文化を広めるために、「イクボス・キャンペーン」を展開したり、「イクボス」になるにはどうすればよいか悩む上司そのものをサポートする仕組みを導入したり。

大企業の中には、すでに様々な取り組みを行っているケースも少なくないという。

「イクボス」なる言葉は、あまり知らなかったが、当社の場合も、とにかく志ある優秀な人材を、それも女性のキャリア人材に、「結婚〜出産〜子育て後も当社で働いてもらいたい！」との一念で、ひそかにサポートし続けてきた。

彼女の、嬉しそうな報告を聞いて、経営者側の一方的な片思いでなかったようで……ホッと一安心！


（2015年2月16日）

風土を変えたい！

明日から、弥生3月。

非の打ち所がないような、親愛なる社員さんばかりなのだが、やはり経営者として、「もっと、もっと活気あふれる職場にしたい！」と、願いながら出社する日々。

願わくは、朝、事務所入り口で、しっかりと立ち止まって一礼し、仕事場に感謝の気持ちを込めてから一日をスタートしたい。朝、同僚の目を見てしっかりと挨拶して、一日をスタートしたい。朝礼の挨拶実習は、もっと大きな声で、しっかりと心を合わせて、一日をスタートしたい。

私なりに、なんとなくモヤモヤしていることといえば、こんな点だろうか？

そういえば、上甲晃氏から、毎月送っていただくデイリーメッセージの小冊子に、こんなくだりがあった。

どんな厳しい時代にも生き残るためには、根っこをしっかりと張った〝底力〟を養わなければなりません。

そのためには、どうしたら良いか。

私の持論は、真理は平凡の中にあるということ。

誰でもがその気になればできる当たり前のことを、しっかりと実践することです。

みんながその気になった時、初めて組織は変わり始めるのです。

どんな簡単なことであっても、みんながその気にならなければ、何も変わりません。

一人一人が、「せめて私ぐらいは」と、たった一人で行動を起こすことが、すべての始まりです。

たった一人……誰？　どの社員？

いや、私自身がたった一人で行動を起こすことだ！と。

このブログを綴りながら、恩師に教えてもらったように思えた。


（２０１５年２月28日）

税理士の熱心さも……定性評価?!

都内の某年金事務所。社会保険料滞納中のクライアントに代わって、当社担当者とともに年金事務所を訪問。３月末日ということもあり、明日から年金事務所の担当者も交代。

年金事務所の新旧担当者とともに、狭いスペースで、「当所管事業所のなかでも、ワースト○○に入りますよ……」と、かなり脅されながら2 vs 2での緊張感あふれる折衝。

諸事情があったとはいえ、社会保険料の滞納額は、１０００万円超。

金融機関の与信にも、「定量評価」「定性評価」の両面があるが、どうやら年金事務所も、またしかり。

今現在の収益状況、資金繰り、経営改善計画、さらには今後の見通し等々……

財務データに基づく数値をもとに判断していく「定量評価」。

一方で、経営者の人柄、誠実さ等々、数値データでは表せない部分で判断していく「定性評価」。年金事務所の新しい担当者と、いつになったら、いくら滞納が解消できるのか。このままいけば差押え。何度も何度も、厳しいコメントを受けながら、「定量評価」に基づく議論をした後、最後の最後に、「この会社は、有望なのですか？」と、年金事務所担当者からの質問。

「？」という顔をしていると……

「会計事務所の先生が、なぜここまで一生懸命、駆けつけて来られるのですか。なにか特別な事情や、将来に向けた会社の有望性があるのですか？　正直申し上げて、税理士・会計士の先生方の取り組み姿勢も、時として大事な判断要素となり得ます」

つい5分ほど前まで、クライアントの代わりに、年金事務所の担当者にお詫びしながら、厳しいことまで言われて。自身が滞納しているわけでもないのに、それでも平身低頭、頭を下げまくって。

そんな当社担当者と私からすると、「なぜここまで一生懸命、この会社を支えようとしているのか！」

ここぞとばかりに、熱心に語りつくした次第！

頭のてっぺんから、足のつま先まで、とにかく本音で徹底して、クライアントを守り抜く！

4月からの新年度も、そんなチームTFSであり続けたい！

（2015年3月31日）

アファーメーション朝礼

当社で毎朝行っている、倫理研究所発行の『職場の教養』を使った「活力朝礼」。

金曜日には、アファーメーション朝礼を行うことにしている。


アファーメーション（Affirmation）とは「承認」という意味。

活力朝礼に参加している社員が、相互に承認し合う＝他の社員さんの良い点を褒め合う朝礼！

洋服でもよし、ネクタイでもよし、日頃の仕事ぶりでもよし、印象に残った素晴らしい関与先対応でもよし。とにかく、他の社員さんの良いところを見つけ出して、褒め合う。これが、なかなか心地良い！


今日のトップバッターは、言い出しっぺの私。

褒める相手は、自分で選べる。今朝は、トップバッター権限で、私は隣りに立つ実妹を褒めることに。

一瞬、え～っというような顔をして、後退りしていたのだが。

妹は、役職上は秘書室長。スケジュール権限を持っていて、私自身、既存スケジュールを確認もせずに、勝手にスケジュールを組んで、何度となくダブルブッキングしそうになって怒られてきた経験からも……

自身のスケジュールすら、自分だけで決められないお達しになっている、なんとも情けない事態。

妹に語った、アファーメーション・メッセージ。

朝早く起きて、朝食の支度をし、子どもを学校に送り出し、片づけをして会社に出社。
昼食もゆっくりととる時間もなく、ギリギリまで仕事。
急ぎ買い物をして帰宅して、夕食の支度……そんな慌ただしい毎日。
時には、食後も遅くまで、自宅に持ち帰った仕事の整理。
長年、至らぬアニキを支え続けてくれて、本当に心から感謝しています。

数日前、クライアントを訪問した時、「秘書室長さんは、もうお長いのですか？」と聞かれて、「長いと言えば、長いですね。実妹なので……」とお答えした時の、クライアントの大きなうなずき。

このブログも、妹が管理しているので、おそらくは最初にこのブログを目にするのは妹かも。
少し照れくさいのだが……兄妹そろって仕事ができるだけで、至らぬアニキは、とても幸せ！

（２０１５年４月10日）

花見は仕事か？

２０１５年４月25日の日本経済新聞朝刊。

「働き方ＮＥＸＴ」と題する、一面の特集記事。タイトルは「お花見　その時給は」。

「花見は当社の伝統」と、仕事であることに太鼓判を押す会社員。「花見」を兼ねた同業他社との交流会は「今後の仕事に役立つ」と、会社の出勤簿を休みにして、朝５時から陣取りをする会社員。

厚生労働省の見解では、「上司から業務命令を受けているかどうか。その上で従わない場合に罰則があるか」などで、個別に業務か否かを判断するという。

法令や就業規則に照らして精査すれば、業務か否か「白黒」を分けられるのだろうが、仕事のオンとオフとの境目が曖昧……と日経新聞の記事は続く。

そういえば、当社でもかつて「朝の30分間の掃除時間は、時給に含まれるのかどうか？」という質問をしてきた時間給社員が……

もちろん、法令や就業規則に照らして精査すれば、朝の30分間の掃除時間は「仕事」となるのだが、「『仕事』だからやむなく、掃除をしているわけ？」と、あやうく口から出そうになったことを覚えている。

今となっては、そんな社員は皆無だが、一生懸命掃除をして、心を磨く。今週一週間、みんなで一緒に働く職場を掃き清める。前屈みになって掃除をして、謙虚な気持ちで関与先を迎える。給与や報酬は、自然とあとからついてくる。そう思えてならない。

（2015年4月25日）

我が母校・早大のベンチ

昨日、打ち合わせの後、当社の社員税理士と我が母校・早稲田大学の正門前を通りかかる。南門から正門に抜ける道……学生時代を思い出しながら、懐かしいひととき。ココが1号館。カシコイ政経学部はココ。

私の通っていた法学部は、建て替える前はココにあって……

懐かしいなあ~と、ウンチクを傾けていると、「先生、私もとっても思い出深いんです」。

「エッ、なぜ？」と聞いてみると、

「税理士試験、毎年、早稲田大学で受験していたんです。そして、早稲田大学で受験して、合格し続けて、

５科目とったんです。だからとっても験が良くて。毎年、あそこのベンチに座って、最後の理論を覚えて、試験に臨んでいたんです。だから、他の人が座っていると、『そこ！私の席！』と叫びたくなるくらい、毎年、早稲田のベンチで、一生懸命勉強しました」

何を隠そう、昔は、早稲田大学では司法試験などは受けるものではない……と言われた時期も。校舎が古く、エアコンもなく、夏の暑い試験には最悪で、穴の空いたままの机に、論文試験でペンがはさまると、答案用紙に穴があいてしまう。こんな揶揄された時代もあったことも、今となっては懐かしい。

それにしても、我が母校で、税理士試験の科目合格を一生懸命積み重ねて、縁あって、当社に入社してもらい、大好きな税理士をずっと続けたい、と言ってくれる社員さんを持てたこと！

本当に嬉しく、幸せに尽きる。

そんな大切な社員の皆さんに感謝しながら、ずっと大事に大事にしていかなくては。

そう、懐かしい母校正門の前で、あらためて胸に誓ったひととき。

（２０１６年11月8日）

人を大切にする経営

当社は経営理念の柱に「仕事を通じた自己実現〜高い社員満足度こそ、最大の顧客サービス〜」を掲げる。人を大切にする組織づくりを、決して忘れることがないように、毎日、朝礼での経営理念の唱和も重ねながら、社員との意識共有を続けている。

社員さんが大切にされて楽しく仕事ができれば、今日一日、ふれあう関与先の皆様も大切にして、満足いく仕事を楽しく届けられると信じて……

つい数日前、先週末に27歳の誕生日を迎えたばかり、入社5年間の若手社員さんから、こんな嬉しいメッセージをもらった。

誕生日メッセージ、有難うございます。入社時には右も左もわからないなか、お客様に迷惑をかけても仕事を任せ続けてもらい、私は本当に幸せです。先生に出会っていなければ、今の自分はここに居ないと思っています。どんなに感謝しても、お返しができません。

本当に有難うございます。どうぞ、今後とも宜しくお願いいたします。

涙が出るほど、本当に嬉しいメッセージ！　まさに、経営者冥利に尽きる!!

そう言えば……西武信用金庫・落合寛司理事長からも、こんなメッセージを聞いたことがある。

「出来る人間は、枠を外すと、どんどん業績が上がっていく。それは、知恵と努力で自分を変えることに専念していくから……」


私自身も、社員さんを信じて任せきることが、人が成長し組織の業績も向上していく原動力となることを、50代に入って、今までにも増して身をもって痛感している。

これからも、当社の根幹たる経営理念を、大切な社員さんと一緒に、毎朝、唱和し続けなくては。


（2017年3月4〜8日）

エッ、「山の日」？

8月11日、「山の日」って?!

私たち会計事務所業界にとっては、ちょうどこの時期、8月月初、第1週の火曜日〜木曜日にかけて行われる「税理士試験」が、大きな関心事。試験特別休暇から税理士試験に突入する、かわいく愛おしい（?）

社員さんの試験のことが気になって仕方がない時期。

誠にお恥ずかしながら、その前後が祝日になっていたことに、まったくもって気がつかなかった次第。

「エッ、『山の日』ってなに？　いつから祝日なの？」

情けないことに、本当にこんな感じ。

う〜ん、と腕を組んでしまいそうな祝日

8月12日が、あの御巣鷹山の日航ジャンボ機墜落事故のあった日だということは記憶に深いので、追悼の意を込めて「山の日」？

一瞬だけ頭をよぎったが、日にちも違ううえに、追悼の日を祝日にするのもいかがかと思いつつ、なぜ8月11日なのか、調べてみてもどうしても腑に落ちない。

祝日法によると、「山に親しむ機会を得て、山の恩恵に感謝する」ことが、祝日として制定された趣旨とのこと。当初は、お盆休みとも連動させやすい8月12日を、「山の日」として祝日化することが予定されていたらしい。

私の頭にも浮かんだように、日航ジャンボ機の事故日とも重なることから、あえて一日だけずらして、8月11日に見直された経緯もあるようだ。

もとより、山に親しむという趣旨には反対しない。しかし、祝日制定にまで至る経緯、不自然さなどを考えてしまうと、う〜んと腕を組んでしまいそうな、8月11日の祝日。

終戦の日

その一方で、8月15日の「終戦の日」。

日本人なら、誰もが知っている日かと思いきや、2017年6～7月にNHKが18～19歳の若者を対象に行った「平和に向けての意識調査（2017年）」では「終戦の日」がいつかを知らないと答えた人が、なんと約14％。……その結果に衝撃が走った。

8月11日を「山の日」にするくらいなら、それより前に「終戦の日」をもっと社会に広く浸透させたい。世代を問わず、日本が歩んできた歴史を心に刻む日として、一年間の大事な日として位置づけるべき！私のみならず、こう憤られる方は、少なくないのではないだろうか。

8月15日もまたいで……エスカレートする米朝の言葉の応酬

そんな中、日本の終戦の日をまたぐように、米国と北朝鮮との、武力行使をもほのめかすような過激な発言がエスカレートしている。

外交や防衛という面から、相手国を威嚇して、自国の置かれている状況を有利に運ぼうとする意図は、わからないでもない。

しかしながら、北朝鮮が国民向けに発している、テレビや新聞等で使っている言葉。

米国のトランプ大統領が、ツイッターで使っている言葉。

一私人の戯言ならまだしも、一国のトップ！一国の最高権力者なのだから……。言動を通じて国民の範ともなるべき、一国の最高権力者が使う言葉としては、あまりにも醜《みにく》過ぎると思えてならない！

それを聞いた国民、さらに若者は、いったいどのように受け止めるのだろうか（もちろん、本音で！）。

さらには、これから数多くの自国の言葉を覚えていくであろう多感な幼児達には、いったいどのような影響があるのだろうか。

鬼畜米英との言葉を残さざるを得なかった日本だからこそ、他国民への敵意を煽ることだけが目的かのような言動を発し続けることの顛末……。その悲惨さを感じる。


生まれた時から、他人を憎む人などいない……


そんな中、米国のオバマ前大統領が投稿したツイッターに共感の輪が広がり、記録的な数の「いいね」を集めているとの報道に接した。

米国バージニア州で起きた、白人至上主義グループと反対派との衝突事件。

日本でも、大きく報道され、その後のトランプ大統領の対応に批判が集まった一件。

事件後の騒動を受けて、8月12日にオバマ前大統領が発したツイッター。

「**生まれた時から、肌の色や出自や宗教を理由に、他人を憎む人などいない。憎しみは学ぶものだ。そして、もし憎しみを学べるのなら、愛することも教えられるだろう。**

なぜなら、人間の心にとって、憎しみよりも愛の方が、ずっと自然なのだから」

人種差別と戦った、南アフリカのネルソン・マンデラ元大統領の自伝「自由への長い道」（１９９４年）の一節からの引用とのこと。

日本から、どのような発信ができるのか……

もとより私自身、米国共和党か民主党、トランプ大統領かオバマ前大統領、いずれかを支持する立場でもない。

しかしながら、米国と北朝鮮の首脳による、あまりにも醜い言葉の応酬に辟易としていた時だけに、いっときの清涼感のような、爽やかな感動を覚えたのも事実。

8月は、日本人として平和の尊さに接する機会が多い日々だけに、日本からもどのような発信ができるのか、深く考えるひと月でもあるように思う。

（２０１７年8月11～18日）

人は自分で選んだ者たちを信じていない……

正直言って、めったに読むことのない朝日新聞なのだが、東京への帰途、ふと車内で手にした朝日新聞の社説。思わず、そうだよな～と、膝を打つくらいに、心に残った。

タイトルは、「無関心と呼ばれる政治不信」。

大阪商業大学のＪＧＳＳ（日本版総合的社会調査）研究センターが定期的に行っている、世論調査の最新結果。

社会に影響力を持つ15の組織や仕組みへの信頼感を問うもの。「とても信頼している」「少しは信頼している」「ほとんど信頼していない」「わからない」という、４つの選択肢。

「とても」「少しは」信頼しているという2つの選択肢を合計してみると「病院」は90％前後、「新聞」は80％台、「学校」は70～80％台、「裁判所」「自衛隊」「警察」「金融機関」「テレビ」は70％台、「学者・研究」は約70％、「中央官庁」「労組」は40～50％、そして、「国会議員」約30％、「宗教団体」と続く。

朝日新聞の社説は、最後にこう締めくくる。

「あきらかに人々は、自分たちで選んだわけではない人たちの方を信頼している。」

選挙とは本来、自分たちの信頼できる人を選び、大切な国の行く末を託す場であるはず！

信頼されていない人が作った様々な制度を、信頼されている人たちが、必死になって支える。

「選ぶ」ということは、いったいどういうことなのだろうか？

「選ばれる」ということは、どういうことなのだろうか？

解散風が吹き始めるなか、国民の信頼を貶めるようなドサクサ紛れの選挙にだけはならないように、心から願ってやまない。


（２０１７年9月18日）

3軒ハシゴ……気づいたら、朝の2時過ぎ

昨夜は、珍しく飲み会をハシゴ。

18時30分、終業直後、20代＆60代の社員さんと一緒に、近くの出雲料理屋で食事。

出雲名物のさつま揚げ、サバしゃぶ、出雲そばに舌鼓を打った後、タクシーに飛び乗って、池袋で顧問先オーナーと合流。その後2軒ハシゴして、気がついたら、朝の2時過ぎ。

最近はめったに、こんなに遅い時間まで飲むことはない。タクシーがつかまらなくなるくらい遅い時間まで飲むことなど、ほとんどない。景気が戻りつつあるせいか、本当にタクシーがつかまらない。

それにしても、クライアントと胸襟を開いて、朝まで飲ませてもらえることの幸せを感じる。

以前、議員をしていた頃、選挙の指南役に、こんなことを教わった。

10回の戸別訪問より、一度でもいいから、家に上げてもらえ。

10回、家に上げてもらうより、一度でもいいから一緒に飯を食って酒を飲め。

10回、飯を食って酒を飲むより、一緒に旅行をして、風呂にでも入って裸の付き合いをしろ！

そして、ときには人に言えない、そんな付き合いをしろ！

政治家の時にも、今のような会計人の立場になっても、人と人の付き合いの本質は、ホンネの付き合いというのは、変わらないのだなあ～との思いで、顧問先との貴重なひとときに、心から感謝！

（２０１７年12月9日）

朝礼の意味？

先週金曜日、朝礼リーダーの若手社員さんと一杯飲んだ時のこと。

毎朝、元気いっぱい、職場の教養を使った朝礼のリーダーをしてくれているのだが、ボソッと「朝礼の意味がよく分からない……」と、ホンネで語ってくれた。

そこで、私なりに、朝礼の意義を、今朝の朝礼で語ってみた。

はきものを　そろえると　心もそろう　心がそろうと　はきものもそろう
ぬぐときに　そろえておくと　はくときに　心がみだれない
だれかが　みだしておいたら　だまって　そろえておいてあげよう
そうすればきっと　世界中の　人の心も　そろうでしょう

藤本幸邦 長野県円福寺の住職として、終戦直後から戦災孤児救済運動を推進した藤本幸邦氏の詩。

禅の修行寺の玄関には「脚下《きゃっか》照顧《しょうこ》」という札が立ててある。

「自分の足元を見よ」「自分の行いを見よ」と言う意味。

子どもにも分かるように、いつも行動として身につくようにとの想いが……この詩に込められている。

藤本幸邦・住職は、こうも語る。

「はきものをそろえる」という言葉には、「脚下照顧」、「自分の足元を見よ」「自分の行いを見よ」と言う意味と、もう一つ深い意味がある。

人間はすべて二つでバランスをとっている。右足と左足の二つがあるから歩くことができる。

目も二つ、耳も鼻の穴も二つ、手も二つ。脳も、大脳・小脳二つ。

この世の中は全部二つ、二つをそろえることが大切。

「口はひとつでしょう」と言う人がいたが、入る口と出る口がある。

善があれば悪がある。肉体があるから精神がある……

「履物をそろえると心がそろう」との詩に込められた想いを紹介しながら、私の願いを語った。

朝礼リーダーの号令に沿って、挨拶をそろえることで、社員みんなの姿勢をそろえていきたい。

社員みんなの姿勢をそろえることで、日々の仕事をそろえていきたい。

日々の仕事をそろえていくことで、社会に貢献する心をそろえていきたい。

クライアントに接する仕事や姿勢をそろえることで、みんなで心を合わせて、真に社会に貢献していきたい。

果たして、私のこんな想いを伝えることができただろうか？

（２０１７年12月11日）

仕事納めは12月22日！

今日は、当社の人材募集に関する相談。

長年お付き合いのある人材紹介会社の責任者にも来社いただいて、税理士の募集も相談。

それにしても、昨今の税理士受験生の減少が止まらない。とりわけ、20代の若年志望者の減少が顕著。

このような現象に、世の会計事務所経営者が、果たしてどこまでの危機感を抱いているのだろうか。

どこまで真剣に、若年志望者の減少に対処しようとしているのだろうか。

正直に言って、疑問に思うことが少なくない。

顕著な出来事が、今年も12月25日に開催のＴＫＣ地域会が主催する年末恒例の税制改正大綱研修会。

クリスマスに研修会？　確かに勉強熱心なのは、とても美しい話なのだが、12月25日はクリスマス。

私のように、早く家に帰宅しても用事のない会計人ばかりでもあるまいに。

なかには、まだ新婚で愛情がいっぱい残っている若い会計士・税理士も多かろう。私たちが研修会そして懇親会を開けば、お付き合いしなければならない提携企業の営業担当者もいることだろう。

せめてクリスマスくらいは、会計事務所所長が先頭に立って、家に早く帰って、会計事務所の社員さんにも、少しでも早く帰れるような環境をつくってあげなくては。

税理士受験生の減少を、一方で嘆きながら、クリスマスといえども、税制研修会を行う慣行。

国会議員ならまだしも、立法権限もないのだから。翌年、税制改正大綱がしっかりと見定まってからでも決して遅くないのでは（国政選挙に落選した私が言うのは、あまりにも説得力がないのだが……）。


かくいう当社は、12月22日が仕事納め！

おそらくは、会計事務所の中では、最も早く年末年始休暇に入る事務所のひとつだと自負している！


なぜかって？

当社は、女性社員も多く、せめて年末年始くらいは、自宅でおせち料理を作りながら、家族とゆっくりと、日頃の忙しい身心を休めてほしい。子どもと過ごす時間を大切にしてほしい。

今年一年を振り返って、大切な人に年賀状をしたためてほしい。実家の大切な親の介護をしてほしい。

年末年始に孫たちと、ゆっくり楽しむ時間をもってほしい。

一年間、一生懸命頑張ってくれた社員さんへの、経営者としてできる「せめてもの感謝」として……

至らぬながらも、社員さんを大切にする会計事務所の一翼を担えることができれば、税理士・会計士業界に入ってくれる、有為な人材ならぬ人財が増えることにも貢献できるのでは……そう信じて!!

東京で、いや日本のなかでも、最も〝早くて〟〝長い〟年末年始休暇を目指してみようか!

いやいやもしかして、すでに「日本一長い!」かもしれない……そんな予感?!

（２０１７年12月４・22日）

社外取締役のススメ?

米国ロスアンゼルスから、顧問先企業のオーナーが帰国。

１年ぶりの会食は、工事中で迷路状態の西新宿の住友ビル。迷路を抜けると、和やかな会食の場が!

最近、時折、顧問先との話の中で出てくるのが、「社外取締役」の話。

企業の取締役会等における監督機能を強化すべく、内部昇格した常勤取締役などでは果たせないような、代表取締役等とも社内的な利害関係がない「外部の視点」から経営をチェックして、会社経営に対して適時適切なアドバイスをしていく役割。

日本では、もとは2002年商法改正によって導入され、2014年、大企業に「社外取締役」の選任を促す改正会社法が成立。

「社外取締役」を設置しない大企業は、株主総会でその理由を説明することを義務化。

「社外取締役」の導入を促すため、2人以上の社外取締役が過半数を占める「監査等委員会」も新たに設けられるに至った。

一部上場企業の70％超が、「社外取締役」制度を導入しているとも言われている。

もちろん、大会社以外でも「社外取締役」制度を任意に設けることは可能だ。

今日、会食した顧問先は、今の段階では上場こそしていないが、企業統治（コーポレートガバナンス）を高めると同時に、企業の収益性や競争力を高めるために、「社外取締役」の話題にもなった。

「社外取締役」と検索してみると、こんな説明が。

会社法第2条15号に「株式会社の取締役であって、当該株式会社又はその子会社の業務執行取締役若しくは執行役又は支配人その他の使用人でなく、かつ、過去に当該株式会社又はその子会社の業務執行役員若しくは執行役又は支配人その他の使用人となったことがないもの」と定義され、弁護士、公認会計士、税理士、大学教授などの専門家を登用するケースも多いとある。

これからの社会の流れにもなりつつある社外取締役。

当社社員に打診してみると、彼ら自身は、顧問先企業の月次監査担当者として、また税理士法人が「会計参与」に就任している場合の職務執行社員として、企業内部の状況が分かり過ぎていることもあり……「外部の視点」も交えた「社外取締役」に就任するなら、むしろ私の役割とのこと。

私自身は、監査役や理事・監事にはかなり就任しているが、社外取締役は1社だけ。

私自身の経験が、「外部の視点」から些かなりともお役に立つのであれば、少しだけ社外取締役にチャレンジしてみようか？

（2018年1月25日）

祖父の入浴は、やさしい孫娘が……

夕方からの予定がキャンセルになったこともあり、当社の財務経理部長と帰り際、二人だけで食事。

会社のみならず、プライベートなお金の管理まで、ほぼすべてを任せている、当社金庫番との一献だけに、こんなにも落ち着いて、和むひとときはない。


長年の労に報いて、満員電車にも重ならないように、30分ほどゆっくりと、午前10時の時差出勤。

そして毎朝、財務部長の顔を見るだけで、お金のことを心配せずに済む、なんとも言えない安心感に浸る。

グループ各社の日々の資金繰りと資金残、さらに半年先までの日繰り表、年間事業計画の月次予算実績管理、法人・個人クライアント数の推移等々、詳細にわたり報告をしてもらえる有難さ……

私が自由奔放に会合等を飛び回れるのも、まさに財務部長のおかげ。

私より9歳年上だが、とにかく大事にしたい宝。


そして、財務部長の父上は、米寿88歳。

先日、父上が退院され、自宅で自ら食事をとれるまでになられたという。

かつて、私の父は短期間のつもりで入院したものの、ずっと退院を待ち望みながら、自宅に帰ってくることは叶わなかった。そんなつらい経験があるだけに……父上が自宅に戻って、自宅で食事ができるようになるまで回復された、なんとも嬉しいご報告。

聞いてみると、嫁いで近くに住んでいる財務部長の娘（父上の孫娘）が、週に複数回、子どもを連れて実家に来て、おじいちゃんの入浴を手伝っているという。

介護士という仕事をしているとはいえ、都度、実家に戻ってきて、性別も異なるおじいちゃんをお風呂に入れて上げるという、そのやさしさ……。娘さんの心に、胸が詰まるほど感動した。

また、そんなやさしい娘に育てた親。決して強制できるものでもなく、親の後ろ姿を見て育った娘さん。

そんな娘さんに、背中を見せ続けてきた父でもある、そんな財務部長に支えられて、日々仕事ができる幸せ。

その幸せを噛みしめながら、二人だけの和やかな一献のひととき。


（2018年2月6日）

老後の備えに……公的年金から企業年金等へ

2018年度の税制改正大綱。

企業年金、個人年金、貯蓄、保険等々、人生100年時代とも言われる中、老後の備えに対して、政府が税制上も、様々な備えを検討しているのが良くわかる。

老後の備えに関しては、大きくは「公的年金」と「企業年金」。

公的年金に関しては、「基礎年金」「厚生年金」ともに拠出時には拠出額を所得控除、給付時には公的年金等控除という税制優遇措置。

企業年金などに関しては、「個人型確定拠出年金（iDeCo）」や「企業型確定拠出年金」は、拠出時には拠出額を所得控除、給付時には公的年金等控除という税制優遇措置。

「ＮＩＳＡ」は、拠出時には特段の優遇措置はないものの、配当・譲渡益が5年間非課税という給付時の優遇措置。

昨今話題の「つみたてＮＩＳＡ」は、同じく拠出時には特段の優遇措置はないものの、年間40万円までの積み立て投資が可能で、配当・譲渡益が20年間非課税という給付時の優遇措置。

たとえば、会社員の場合、こんな違いも……

「個人型確定拠出年金」だと、年間27万６０００円まで拠出することができる。

そうすると最大で、27万６０００円×55％＝15万１８００円の所得税等減税が可能。

「企業型確定拠出年金」だと、年間33万円まで拠出することができる。

そうすると最大で、33万円×55％＝18万１５００円の所得税等減税が可能。

一方で「確定給付型企業年金」は拠出限度額はなし。確定給付型企業年金制度のある大企業の社員ほど、優遇は大きくなる。

いずれにしても、公的年金から企業年金や個人年金などへ。公的に世代間で支え合うという仕組みだけに頼るのではなく、私的に個人の責任で自身のアカウント（口座）に積み立てながら、長い人生を守っていく……。

そんな方向にシフトしつつあることだけは、間違いなさそうだ。

（２０１８年２月12日）

納得のいく確定申告を……

昨日２月16日から、所得税確定申告がスタート。

夕刻、霞が関に行く用事があったので、霞が関駅で降りると、シュプレヒコールやらなにから、騒々しい。

後でニュースを見てみると、徴税事務トップの佐川宣寿・国税庁長官の森友学園国有地売却を巡る国会答弁への批判を強める市民団体などの抗議活動。

それにしても、あれだけ庁舎の前でシュプレヒコールや演説をされて、国税庁職員の通常業務に、支障は出ないのだろうか。各地の税務署における確定申告の現場は、どうなのだろうか……。

所得税確定申告では、典型的には医療費領収書など、一定期間、書類を保存しておくことが求められる。

報道によると「自分たちは書類を捨てておいて、納税者には『書類をとっておけ』というのは矛盾している」こんな指摘もあるという。当然といえば当然！

そもそも「申告納税制度」は、アメリカ税制の強い影響下にあった、1947年にスタート。

納税者自身が税額を計算して、自らの申告により第一義的に税額が確定するというもの。

国や地方公共団体が税額を計算する「賦課課税制度」とは、この点で根本的に異なるわけだ。

それゆえ、納税者が継続的に正しい記帳を行い、客観的に所得を計算するということ。その前提として、「納税者の自発的な納税意欲」が、何よりも欠かせない。

各地の小・中・高等学校で租税教室を行っているが、「申告納税制度」の大切さは、必ず授業の冒頭で話をする。大前提となる大事なことを、小中高生のうちに、ぜひとも身につけておいてほしいからだ。

税の仕組みにとって大事なことは、たとえ税額がいくらであっても、納得して税金を納めること！

「税の集め方」「税の使いみち」入口も出口も、とにもかくにも、税金を「納得して納め、使うこと」。

その大切さを痛いほど知る一人として、昨日の霞が関での光景は、なんともいえず複雑な思いだった。

（2018年2月17日）

去り際に「人格」が表れる

18時、西新宿にあるクライアントを訪問。実は昨年、2017年6月のM&A以来、初めての訪問。今をときめく急成長企業によるM&Aで、悩んだ挙句の結論だったが、大きな節目を迎えたクライアント。

M&A以来、一年が経ち、親会社たる大手人材派遣グループの基幹会計システムに統合されるとのことで、当社との顧問契約は解消に。長年にわたるお付き合いで、社長が70歳になるまで顧問会計事務所として寄り添っていこう……。そう思っていただけに、少し残念な気持ち。

当社担当者が、当社として最後の決算報告に伺うというので、同行した。

かねてから、松下幸之助翁の教えを継ぐ恩師から、こう教えられてきた……。

人間、誰でも入口のときは、よそ行きや。入学面接のとき、入社試験のとき、入社日しかり……
誰でもが、緊張感をもって、「今日からどうぞ宜しくお願いいたします」と最敬礼や～
しかしな～、「去るとき」に人間の真の姿、ホンネが出るもんや。
去り際に「人格」が表れる。

ホテルや旅館に泊まったとき、部屋を出るときに、どんなに散らかしておいても、片づけるのはホテルや旅館の仕事。布団、枕カバー、シーツ、浴衣、風呂場のタオル。何も畳まなくても、誰からも何の文句も言われない。でもな～そういう時こそ、人間の人格が問われるんや。

いいか、「去り際に人格が表れる」。
大事にせないかん～

今日で、長年お世話になったクライアントとのご縁が切れる。
たとえM＆Aのゆえだとしても、いくら当社の業務に満足していただけていたとしても、本日をもって、顧問先というご縁が切れることだけは確かだ。でも、だからこそ、これまでお世話になってきた御礼に、経営者である私自身が出向いて、クライアントに心からの御礼を申し上げたかった。
「出会い際」のみならず、「去り際」をも大切にする会計人でありたい！

（２０１８年４月11日）

「行政書士学会」学術シンポジウム

全国から有為な行政書士が集う行政書士学会が主催する「学術シンポジウム」に、パネラーとして参加。

シンポジウムのテーマは、「行政書士学会組織団体と官公署との連携方策と限りない連携可能性」。

かねてより、行政書士の方々は勉強熱心で、本当に頭の下がる思いだったが、今日は、遠く長崎県からの出席者もおられて、人生の先輩方が最前列で熱心にメモを取り続けられる姿勢に、ただただ敬服。

これだけ熱心に聞いてくださるからには、お役に立てる話をしなければ。こちらも自然と熱が入る！

「熱意は伝播する」と、よく言われるが、まさにパネラー席で実感。


私からは、大きく2点。

国会でも地方議会でも、行政書士出身の議員を、どんどん増やした方が良い。

官僚ＯＢ行政書士の入会拡大に関しても、積極的に考えたほうが良い。

同じ国家資格を持ち、同じ立場で、同じ悩み、同じ痛みを知る者として、士業の声を国会や地方自治体に届けることの大切さを、私自身、現職時代にも痛感してきた。

やはり、業界の状況を我がこととして、酸いも辛いも知っているだけに、官公署にはナマの情報として、切実な姿として、ヒシヒシと伝わっていく。

とりわけ、議員は予算編成と議決に携わるので、士業の置かれている立場を理解し、法整備等の重要性を唱え、必要な予算措置をしていくこと。

官公署側も、業界を知り尽くしている議員からの意見は、それなりに重く受け止めて、しっかりと聞いてくれることも、また事実！

2点目は、「法教育の推進」について。

地域の各支部を中心として、小中学校に始まり、高校・大学・専門学校に至るまで、「法教育」を地道にかつ着実に推進していくことの重要性。

私自身、税理士会の租税教育推進委員として、地元の小中高校を回り続けてきた。

また、税理士会も官公署とともに租税教育推進委員会を組織化。

学習カリキュラムの一環として、「租税教室」を展開する中で、士業としての「税理士」そして「税理士会」の存在が、官公署から見ても大きくなってきたのを実感している。

行政書士会でも、そもそも「行政書士って知っていますか？」に始まり、「行政書士の仕事って？」という展開から、身近な「法教育」を展開していくことの重要性を感じる。

ひいては、官公署や弁護士会等とも連携して、自治体ごとに「法教育推進委員会」を展開していければ、より存在意義が大きくなるはず。

将来の職業選択の一つとして、次の世代に「行政書士」という国家資格を、キャリアとして知ってもらうことは、業界の将来にとっても、明るい材料となるに違いない。

私自身、租税教育の場面で、これまで一番嬉しかったのは、授業直後、小学生の女子児童が駆け寄ってきて、「先生、女子でも税理士になれますか？」と、問いかけてくれたこと。

パネラーとして話した、このような経験談にまで、ペンを走らせてくださる方もおられ、こちらのほうが恐縮してしまう。

税理士は「成熟期」？

また、興味深いデータの報告もあった。7士業の登録者数。
数年前のデータ……との断り書き付きながらも、表のとおり。
そして、もっとも興味深かったのは、ここ10年間の登録者数の推移。
弁護士は、司法制度改革に伴い、法科大学院設置から法曹増という国家的政策の結果。
公認会計士は、企業監査という時代の要請。
それにしても、税理士は？
成長サイクルでいうと、「成熟期」ということだろうか。
「成熟期」の後は、「衰退期」？
思わず、昔習った、製品ライフサイクル曲線を思い出してしまう。
危機感と捉えるべきか、競合減少と捉えるべきか。
いずれにしても、事実をしっかりと見つめることから！

	登録者数	10年間の登録者数の推移
行政書士	約48,000人	—
弁護士	約39,000人	約60％増
司法書士	約22,000人	約20％弱増
弁理士	約11,000人	約50％増
税理士	約76,000人	約8％増
会計士	約29,000人	約60％増
社労士	約40,000人	約30％増

さらに行政書士学会では、士業の広告解禁に伴う弊害を指摘する声も上がった。

広告宣伝～低価格～顧客単価減少～事務所が業務時間を割けず～業務品質低下～顧客満足度低下という悪循環にならないように……

確かに、単なる手続き業務であれば、どこに頼んでも成果物として同じなのであれば、安い方が良いに決まっている。

しかしそれは、単純な手続き業務のこと。もう単純な手続き業務はＡＩに任せておいて、クライアントに対して、どれだけの高付加価値業務、コンサルティング業務を提供できるかどうか。顧客満足度向上とともに、クライアント企業の成長を通じた社会貢献が、士業の使命！

あらためて、この点を申し上げて、パネラーとしてのコメントを締めくくった。


（２０１８年４月18～19日）

「母の日」感謝していますか？

「母の日」の今日、午前中に（日曜日の迷惑も省みず？）社員さん全員に携帯メッセージ！

自らのルーツたる、一番大事な親を大切にできない人はクライアントも大切にできるはずがない……こんな単純な想いから、「親孝行」や「家族を大事にする」人を意識しながら採用し続けてきている。

もちろん、今さら私がこんなメッセージを送らなくても、「親孝行」社員さんばかりなのだが……

〜〜〜〜〜〜〜〜〜〜〜〜〜〜〜〜〜〜〜〜〜〜〜〜〜〜〜〜〜〜〜〜〜〜〜〜

おはようございます。日曜日に申し訳ありません（^^;

皆さま「母の日」していますか？

「母の日」に感謝する側の方も、感謝される側の方も……

今日は、いつもより家族に感謝の思いをもって、どうぞ良き休日をお過ごしくださいね。

私も先程、母に電話したら、少し歩けるようになったとのこと、安心しています（^^;

〜〜〜〜〜〜〜〜〜〜〜〜〜〜〜〜〜〜〜〜〜〜〜〜〜〜〜〜〜〜〜〜〜〜〜〜

しかし、かくいう我が家も、息子は朝から出かけて、「母の日」のメッセージカード、夜までに書いて間に合うものやら。

（母たる）妻は、昨夜からご機嫌悪く、さっきまた、怒られたばかり。

なんとも緊張感ある「母の日」。

でも本当に有難く、妻には心から感謝！


（2018年5月13日）

「学び直し休暇」は士業こそ！

毎週月曜日の当社全体ミーティング。

今日は、企業防衛研修会も含めて、2時間半近くに及ぶ、珍しくかなりロングランのミーティング！

ミーティング最後に紹介した、日経新聞記事。みんな、さぞかし疲れていただろうに、さすがに勉強熱心な会計事務所業界だけあって、この時ばかりは、税理士資格取得を目指しながら仕事に励む社員さんの眼が、グッと輝いた！　こういうホンネ・本気の目の輝きを大事にしたい！

その記事とは、厚生労働省が、新たな技能を修得したり、語学を学び直したりする社員のために、企業が長期休暇できる制度を導入した場合には、当該企業に助成金を支給するという内容。

当社は、会計士・税理士受験をしながら仕事をする社員さんに対して、試験特別休暇制度（最大、年間2週間）を就業規則に規定している。

さらに、4科目合格者などには、顧問先にまで事情をお話し、お願いして、業務に支障が出ないように、会社全体でカバーしながら、最大3か月近くもの、長期休暇を提供したことがある。

しかし残念ながら、あまり仕事&勉強環境を甘やかせてしまうと、かえって合格に向けての最後の詰めが甘くなって、結果が出ない。そんなトラウマが、当社にどんよりと残っているのも、厳然たる事実。

「仕事を通じた自己実現」という、当社経営理念の大きな柱のひとつを実現するためにも、「学び直し休暇制度」を、どう導入していくか。当事者の気持ちも汲みながら、いち早く考えていきたい。

（2018年5月14日）

せっかく毎日「朝礼」をするなら

今日から、一週間のスタート！

経営者の性《さが》なのだろうか。「月曜日の朝！待ち遠しい病」が治らず、日曜日夜になると、自然と気分が高揚してくる。

気持ちが高ぶっているせいか、月曜日は自然と目が覚めてしまう。社員さんから、月曜日朝、私のハイテンションを指摘されることもあり、本当に迷惑をかけているかもしれない……皆さん、ゴメンナサイ。

おかげさまで、本当に有難いことに、多くの心あるクライアントに恵まれて、誠実に仕事をしてくれる社員さんに囲まれて、会社も仕事も、ほとんど何も言うことはないのだが、もし万が一、寿命が今日までだったとしたら、仕事上、思い残すことが少しだけある。

そのひとつが、毎朝の朝礼！

どう見ても活気がない。どう見ても、やらされ感アリアリ、満載……

朝礼の開始1分前までは、社内で笑い声が飛び交っているくらい、朝から元気いっぱいなのに、朝礼が始まった途端、声のトーンが下がり、下を向いて、姿勢も悪く、いったいどうして？

終わった途端、あんなに元気な声に戻っていくのに？

もちろん、そもそもの原因は、私が社員さんに対して「朝礼の意義」を伝えきれていないこと……。

さらに「朝礼」のやり方も、社員さんが魅力を感じ、積極的に参加したくなるような、満足のいく内容になっていないこと……。

貴重な10~15分を使うのであれば、どうしても変えていかなければ。

そもそも、なぜ朝礼を行っているのだろうか……私の想い。

「時間合わせ」
「姿勢合わせ」
「仕事合わせ」
「心合わせ」

朝礼15秒前に、秒針まで合わすかのように朝礼委員長が「開始15秒前です」と、スッと号令をかける。毎日、定時定刻に、みんなの時計、時間を合わせることで、一日のスタートを合わせる……「時間合わせ」。挨拶を通じて、クライアントへの対応、業務に取り組む姿勢を合わせる……「姿勢合わせ」。

こんな気持ちの良い、心のこもった挨拶、感謝の気持ちでクライアントを迎え続ける組織にしたい。

今日も懸命に仕事をされているクライアントに、幸せになってほしいと願いながら、誠心誠意を尽くして業務する。そんな、会計人として「生きる姿勢」を合わせたい。

『事業を通じた社会貢献』～会計を通じて、会社・地域・国家を強くする～
『仕事を通じた自己実現』～高い社員満足度こそ、最大の顧客サービス～
当社の経営理念を、毎朝復唱しながら……

昨日の反省点。今日の予定をも共有。失敗、成功、改善点をも共有。どうすれば、もっと協力・協働できるか。経営理念の実現に向けて、みんなで共有すべき事項はないだろうか。全体と個々の業務パフォーマンスを上げて、ひいては社員さんの幸せにもつながる……「仕事合わせ」がしたい。

朝礼終了時には、「心が合わさった」状態で、今日の業務が笑顔でスタートしていく！

そうはいっても「言うは易し、行うは難し」。

今朝は、私の想いだけ、あらためて伝えた。

それをどう受け止めて、どう改善して、朝の貴重な時間を、有意義に納得した形で使えるのか。

みんなの納得がいく形に抜本的に変えてもらってもいい。

朝礼委員長を中心として、ぜひとも、全員の率直な意見を聞きながら、朝礼活性化策を提案してほしい。

（2018年6月11日）

「先生」と呼ばれるほどのバカはなし

明日から3日間、税理士試験。

当社からの2018年の税理士試験受験組は、ピークを過ぎて落ち着いて、今やもう2名のみ。

かつて、受験生が大勢いた頃は試験特別休暇を2週間、前日は合格祈願メール、当日は社内で合格祈願。

腫れものにさわるように、甘やかしてしまったせいか、合格者続出というような成果は出なかった。


会計事務所の社員は、資格を有していなくても、クライアントから「先生」と呼ばれることも少なくない。

それはそれで、「先生」としての気概と責任感をもって業務に専心してくれれば良いとも思う。


「先生」と呼ばれるほどのバカはなし。

一方で私自身、若い頃から、こうも教わってきた。

31歳で初当選して以来、考えてみれば、ずっと、敬称「先生」で過ごして来てしまったかもしれない。


政治家しかり。当選すれば「先生」、落選すればセンセイまがい。世間の厳しい現実が待ち構える。

税理士、会計士、弁護士しかり。合格して登録すれば「先生」センセイ。

こんな、国家資格ゆえの、世間のキビシイ現実も、厳然として存在する。

研修会でも、有資格者しか参加できず、代理出席すら認められないようなことも……

せっかく出席が認められた研修会でも、座る場所すら有資格者と異なっているようなことも……


国家資格者と仕事をする、士業の世界に足を踏み入れたからには、何としても、国家資格を取得して、士業の仲間入りをしてほしい。試験を受けるからには、必ずやこちら側、士業の世界に来てほしい。

士業のプロフェッショナル同士として、朝から晩まで、喧々諤々の議論をしていきたい！

そんな夢に近づくための、「登竜門」の3日間。

受験組の社員さんには、ぜひとも「登竜門」をくぐり抜けてほしい。


（2018年8月6日）

【満10年と1日目、どうぞ今日からも、また宜しくお願いいたします!!】

今日で、勤続満10年の節目を迎える、税理士法人税務会計部門長。

入社当時は、まだギリギリ20代。今や、もうすぐ40歳。働き盛り。頼もしいかぎり。

朝一番、全社員メッセージに乗せて、感謝の気持ちを込めて、こんなメッセージを……。

今日で満10年、本当に長い間支え続けてくれて、有難うございます。
平成20年8月18日に内定、9月1日に入社していただいて以来、ちょうど10年になりますね（^^）
10年間、いろいろなことがありましたが、いつも嫌な顔ひとつせず業務に専心してくださったこと
感謝しきれないくらい……感謝の気持ちでいっぱいです！
お祝いの日本酒、週末に買って、月曜日朝礼にお届けします。
満10年と1日目……どうぞ今日からも、また宜しくお願いいたします‼

「仕事を通じた自己実現」を目指して、今後も会社として、経営者としてできるかぎりのことは、
精一杯、させていただきます‼

（2018年8月31日）

仕事のススメ

現代に生きる渋沢栄一

今朝7時、経営者セミナーのテーマは「現代に生きる渋沢栄一」。講師は、渋沢資料館館長の井上潤氏。関東大震災後の復興に力を尽くした渋沢栄一。

東日本大震災後の復興に向け、何かつかみたいとの想いで、メモを取り続けた。

渋沢栄一（1840〜1931）は、アヘン戦争の年、日本が近世〜近代へと変遷する時代、利根川の水運や中山道の宿があった、今の深谷市に生まれる。交通の要衝であるとともに、文化や情報も集まった土地に育ったことが、幅広く情報を集め、大事な選択においては誤らなかった渋沢の基盤となったという。10歳前後から実家の藍染めの商売を手伝い、経済的な感覚は実践の中から。この頃、隣町に漢学の師を得て、論語を学び始める。

攘夷思想や官尊民卑の不条理に憤った渋沢だったが、自分がやるべきことは「一石を投じる」ことだけではなく、最終的に「世の中を変えること」と認識し、一橋慶喜の家臣という体制の中からの改革を目指す。当時、尊皇攘夷を唱えて、一石を投じるべく、多くが討死していった時代にあって、非常に勇気のある選択だったともいえよう。

大きな転機は、1867年。

パリの万国博覧会に、庶務・経理係として幕府随行員として渡欧。

尊皇攘夷論のなかで、一方で開国論も広く読み研究していたと聞き、渋沢の奥深さに感銘する。

パリでは、銀行、証券取引所、病院、ガスや水道などのインフラ設備まで見て回る。

見て回るだけに止まらず、どのように運営されているのかを尋ねていったところにも、渋沢の凄さが。

そこで、資本家が集まって「合本主義」で大きな資本を得ることの重要性を知る。

「道徳」と「経済」の合一説を実践普及するのも、この頃からだ。まさに「論語と算盤」。


最後に、2つ指摘があった。
①渋沢栄一の生涯から見出せる信念。
「公益」の視点に基づく民間の活動は、政府「官」の活動を補完するだけでなく、むしろ先導すべきもの。
②82歳で関東大震災後の復興に、東京市内を歩き回った渋沢栄一の信念。
「物質の復興」の根本に「人心の復興」あり。

仁義道徳による行動が、真の復興につながる。


世の中が忘れかけていた、「道徳」と「経済」の一致。そのことへの警鐘かのような、一連の事態。

まさに「論語と算盤」を手に復興に向かうことの重要性を、再認識した朝だった。


（2011年4月9日）

セール&リースバック

土曜日14時から、関与先の経営陣に来社いただいて、経営会議。

正確には、経営再建会議といったほうがふさわしいかもしれない。


滞納消費税の分割支払いをしている最中、国税局の担当者が代わった途端、売掛金の差し押さえ。

第三債務者たる取引先に、一斉に差し押さえ通知が届き、信用不安で、一気に経営が苦しくなった。

国税局の常套手法だが、年に一度くらい、関与先が同じような事態で、駆け込んで来られる。

この関与先の場合は、奇跡的にスーッとエンジェル（救世主）が現れた。

社長が同業大手の創業オーナーに相談に行ったところ、わずか1時間で支援を決断してくれたという。

数多くの関与先と様々な修羅場をくぐり抜けてきたが、ここまでの即断即決は経験がない。

まさに、社長の人徳の賜物だ。


今回用いた手法は、セール&リースバック方式。

会社の保有する資産の一部をエンジェルとなる会社に数億円で売却。エンジェル会社から、その資産をそのままリースで借り受け、毎月数百万円のリース料を数年間にわたって支払い終えた後で、その資産をまた無償譲渡してもらう手法。いったん売却（セール）して、リースさせてもらう（リースバック）わけだ。

帳簿価額よりも高い金額で買ってもらったため、売却益は出たが、過去の繰越欠損金で吸収。

毎月のリース料は、損金計上できるので法人税対策にもなる。

ただし、この再建スキームのポイントは、このリース期間内に資金繰りを含めた事業が軌道に乗るかどうか。突風のような春の嵐が吹き荒れるなか、３時間にわたり延々と経営会議が繰り広げられた。

終了して、ビルの下までお見送りすると、雨も止んでいた。

明日からの新しい年度が晴れていくような予感がした。


（２０１２年３月31日）

山本五十六に学ぶ「中小企業経営戦略」

山本五十六《いそろく》に学ぶ「中小企業経営戦略」と題して、新潟県長岡市で培ってきた熱い想いなどについて、帰京後、一気にまとめてみた。

月曜日朝の全体ミーティング前日まで、山本五十六の当時の揮毫《きごう》が残る寺で座禅修行までしてきたので、心なしか、山本五十六の魂まで一緒に持ち帰ってきたかのように……。

山本五十六を訪ねて長岡に

新潟市で開催された印刷業界総会を終えて、長岡の生んだ偉人・山本五十六の足跡を訪ねてきた。

「為せばなる 為さねばならぬ 何事も 成らぬは人の 為さぬなりけり」

亡父が創業した印刷会社に、かかっていた額。米沢藩を再建させ、江戸時代屈指の名君といわれた上杉鷹山の短歌。私自身、この額を小さい頃から見て育っただけに、忘れることができない。

上杉鷹山は「してみせて 言って聞かせて させてみる」の言葉も残した。

「やってみせ 言って聞かせて させてみて ほめてやらねば 人は動かじ」の言葉を残した海軍大将・山本五十六が、大きな影響を受けた人物といわれている。

亡父が、横須賀の海軍に入隊した時には、すでに戦死していた山本五十六。

私が生まれたのを機に、昭和30年代後半に印刷業を創業。

山本五十六が好んで語った上杉鷹山の言葉を、自社の工場に掲げ続けた父。

印刷業界の集まりの後、親父を追いかけるように、自然と引き込まれるように、長岡を訪ねた。

現代にも結びつく山本五十六の戦略

山本五十六は、日独伊三国軍事同盟、そして最後まで日米開戦に反対。海軍次官時代には、日独伊三国軍事同盟にあまりにも強硬に反対し、郷里の寺にまで籠ってしまった逸話がある。

米国日本大使館勤務時代、ロンドン軍縮会議等を通じて、日本海軍は米国海軍の¼の戦力しかないことを深く知り、米国相手の開戦は日本を滅ぼすと、最後まで反対。

しかし我が意に反して、いったん開戦してしまった以上は、大国相手に、「いかにして、国全体として人の力を発揮させ、人を動かすか！　日本の国力・戦力の限界を、いかにマンパワーで乗り越えていくか！」を徹底して考え抜く。

そんな山本五十六がとった戦略は、実は現代の「中小企業の経営戦略」に深く結びつくのでは……。

中小企業は、ヒト・モノ・カネ、いわゆる設備投資では大企業にかなわない。

山本五十六が「ほめてやらねば人は動かじ」と語ったように……いかにして、社員一人ひとりの士気を高めていくか。

山本五十六が空母着艦搭乗員の訓練を強化したように……いかにして、社員一人ひとりの力を幅広く高めていくか。そのための訓練方式を改善し、訓練努力を行っていくか。

山本五十六が、日米開戦前に考えたように……社長一人だけが機関車のように会社を引っ張るのではなく、社員全員が引っ張っていく体制を、どう創り上げていくか。

零戦を作り上げたように、ニッチでもいいから、どうすれば技術革新等で勝てる分野をもてるか。

連合艦隊が15度傾くと難しいといわれた洋上給油を乗り越えて、真珠湾にたどり着いたように、いかにして社員の力を合わせて乗り越えるチームワークを育成するか。

山本五十六が大国・米国相手にとった戦略には、まさに中小企業が大企業に伍していくための経営戦略の秘訣が、要所要所に隠されているように思えてならない。

（２０１４年6月8～9日）

弱くても勝てます！

開成高校硬式野球部をドラマ化した「弱くても勝てます～青志先生とへっぽこ高校球児の野望～」（日本テレビ、２０１４年）。守備はまったく練習せず、とにかく打って、打って、打ちまくる！

10点取られたら、11点打ち返す。20点取られたら、21点打ち返す。

いわば、短所にはあえて目をつぶって、得意な部分を徹底的に伸ばす野球部。

母校のドラマ化なので、どうしても気になって、家族そろって、毎週末、欠かさず見ている始末。

先日、3年間硬式野球部に在籍していた同級生から聞いたところでは、ドラマでは女子生徒がいる点を除いては、かなりリアルな野球部の姿に近いという。

昨夜、18時43分東京駅着の新幹線を飛び降りて、妹と待ち合わせ。アジの干物と赤福を、妹一家のお土産に渡して、御茶ノ水駅で迎えの車に。スピーチ予定ギリギリに、倫理法人会セミナー会場に入った。

そこで、切り出したのが「弱くても、勝てます！」。

弱小チームだった四谷倫理法人会が、私の会長就任時に48名のスタートから84名になり、正式に１００名を目指す単会にまで伸長してきた足跡を語ったタイトル。

弱小チームだったがゆえに、弱くても結果を出すためには、「選択と集中」しかない。

そんな思いで、できることを、一点突破で心がけてきた。

倫理法人会でいうならば、早朝の経営者モーニングセミナーにすべての力を注いできた。

そして、会を支えていただいている役員・会員の皆さんに感謝し続けること。

子どもは、親を成長させるために、生まれてきてくれる。

社員は、社長を成長させるために、入社してきてくれる。

会員は、会長を成長させるために、入会してきてくれる。

だから、朝、神仏に手を合わせるとき、先祖へのお参りを終えた後、日々お世話になっている倫理法人会役員・会員の皆さんの名前を、毎日、声に出して呼びながら、感謝の気持ちを伝えている。

感謝の心は、空間を伝わる。

まだ現役経営者で、あまりにも仕事が忙しい我が身としては、日々、倫理法人会活動を支えていただいている役員・会員の皆さんに、ただただ感謝し続けることしかできない。

（２０１４年６月17日）

【会計は、何のために行うのか？】

17時から、ＴＫＣの事務所見学会。

ＴＫＣ全国会は、まさに職業会計人の血縁的集団。自身の事務所運営を惜しげもなく披露して、仲間の事務所発展に寄与していこうという素晴らしい風土がある。

ＴＫＣ全国会という組織の大きな魅力であり、顧問先を強くしていくために、オープンマインドで皆で成長発展していこう、というＴＫＣ全国会ならではの〝強い同志性〟を感じる場面でもある。

事務所見学会の中で、こんなデータが紹介された。

「会計は、何のために行うのでしょうか？」
　「税務申告のため」　95％
　「業績把握のため」　20％

1、翌月中に、前月の試算表を入手している割合：20〜30％
2、「月次決算書」の内容を把握している割合：15〜20％
3、経営数値に基づいた経営判断をしている割合：10〜15％
4、「経営計画書」を作成している割合：5％

中小企業経営者にとって、会計が「税務申告のために行われている」という意識が、まだまだ強い。
せっかく出た数値を、月次の「業績管理」などに生かし切れていない。
経営計画書にまで反映させて、ＰＤＣＡサイクルにまで至っていない実態。

まずは何よりも、「会計で会社は強くできる！」んだという意識を、中小企業に強くもっていただきたい。
そんな心からの願い、そして会計人としての実践！

（２０１４年６月25日）

自分が主役！つかの間のゴルフ

今日は、久しぶりのゴルフレッスン。

16時に横須賀市の製造会社へ、18時30分に鎌倉市のデイサービス会社へ。顧問先との面談・打ち合わせを終えて、高速を飛ばして、ギリギリ待ち合わせ時間の20時に、神宮外苑のゴルフ練習場へ。


今から、もう20年以上も前のこと。

私の後援会長でもあり、仲人でもある、地元で最も尊敬する経営者から、「くれぐれも、平日にゴルフをするようなことは、政治でも事業でも、いかんぞ」「社員は、いつだって見ているぞ」こう言われた。

しかし、年に数回だけ、どうしても断り切れない、いや断ると後が怖そうな（？）コンペのお誘いが。

確かに、下手なゴルフでも参加すると楽しいのだが、どうも生来の性格で、平日、社員さんが事務所を守って仕事をしていてくれる中……自分だけゴルフをする気に、いくつになってもどうしてもなれない。

後ろ髪を引かれる思いで練習をしているものだから、いつまで経っても上手くなるはずがない？

そんな悪循環に陥ってしまっているかのよう。

翌日、お世話になっている方が主催されるゴルフコンペ。場所は、太平洋クラブ相模コース。

平日・早朝からのゴルフは最も気が重く、乗り気がしない……。

しかし、人間とは不思議というか、弱いものというか。前日夜に受けたレッスンで、テークバックの際、右肘を引き締めるように心がけてドライバーを打っていくうちに、だんだんと楽しくなってくる。

それでも、スコアは、「ＯＵＴ63」「ＩＮ56」。今日も１１９も叩いてしまった。

まさに、１１９番緊急通報されそうなスコア！


かつて議員をしていた頃、今は亡き後援会副会長に、こう言われたことを思い出す。

「山崎さん、あなたの演説は良くわかった。演説会があれば、後援会あげて、いつだってあなたの話をしっかりと聞きに行く。でも、いつもあなただけが主役ではダメなんだ！　ゴルフをやろう！　政治家主催のゴルフコンペだって、打つときは、参加したその人が主役。だから時には、応援してくださる方に主役になってもらえるよう、ゴルフコンペをやろう！」

亡くなったその経営者は、かつての大政治家、西村英一・自民党副総裁に仕えた経験もあるだけあって、政治家を応援する後援者の気持ちを、深く理解しておられたのが懐かしい。


確かに、嫌だいやだと思って、ゴルフ場に行っても……いざグリーンに出て、ショット直前になると、自分が主役以外のなにものでもない。

自分が主役だから、とても楽しい！


（２０１４年7月6・8日）

カーネギーの墓碑

敬愛する、日本BE研究所・行徳哲男先生の講演会。

先週、陸軍士官学校出身のお兄さまを亡くされた行徳先生……

心より、お兄さまのご冥福をお祈り申し上げます。

そんな傷心のお心のなかでも、毎朝の明治神宮参拝の後には、顧問を務めていただいている四谷倫理法人会の経営者モーニングセミナー（ＭＳ）には、ご指導に顔を出してくださる。

心の底から、感謝の気持ちでいっぱいになる。


講話のタイトルは、**「他人が慕ってくる人・慕ってこない人」**。

最後にふれられたカーネギーの一節が、講話の答えだったように思えてならない。

鉄鋼王・カーネギーの墓に刻まれた碑……

Here lies one who knew how to get around him men who were cleverer than himself
己より優秀な部下を持ち、己より賢明なる人物を身辺に集める術を修めし者ここに眠る

大石内蔵助しかり、西郷隆盛しかり、わが松下幸之助翁しかり。

「この人のためになら、死んでもいい……」他人に、そこまで慕われる人になりたい。

そのためには、自らを最も愛せる人になることだ。

晩年、長年苦労をしてきた自身の頭をなでながら、自らを愛おしんだ松下幸之助翁のように。

敬愛する行徳先生に、こう教えていただいた。


（2014年7月11日）

目の前のゴミ……

倫理法人会の法人レクチャラーとして、経営者モーニングセミナーで「難を人生の宝に」と題して講話。

講話後の朝食会……講話への感想・意見を、率直に交換し合う貴重な場でもある。

その場で、参加者の皆さんから、私の話のなかで最も印象に残ったくだりを聞いてみると、

「目の前の掃除を徹底してできない人に、世の中を良くするという活動ができるわけがない。

松下幸之助翁のそんな想いのもと、政経塾の研修では、早朝から掃除を徹底したのです。

今、私は会計事務所を経営していますが、社員さんにはこう伝え続けています。

顧問先の会社にお邪魔したときに、顧問先の玄関先に落ちていたゴミをまたいで通って、『こんにちは、今日も顧問先のお役に立ちたく、巡回監査に参りました』と話す人を、少なくとも私は信じないよ。

顧問先の玄関先にあるゴミにハッと気づき、スッとゴミを拾う姿勢こそ、人として大事にしてほしい」

このくだりが印象に残ったとコメントされる方が、一番多かった。

やはり、人として、経営者として、「忘れてはいけない大切なもの」を、参加者が倫理経営を通じて、求め続けているからなのだろうか……。


（2014年9月2日）

松下幸之助翁の命日

今日は、松下幸之助翁の命日。

明治天皇の後を慕って殉死した乃木希典大将ではないが、1989年1月7日に崩御された昭和天皇の後を追うように、同年4月27日、松下幸之助翁も逝去された。

あれから、はや26年。そんな4月27日、感慨深い一日のスタート。

朝7時、松下政経塾時代の上甲晃塾頭（当時）からいただいたメール。

今日は、何よりもこのメッセージをしっかりと噛みしめて、一日を過ごしたい……

4月27日（月）

今日が松下幸之助の命日であることを、覚えている人達は、一体、どれぐらいいるだろうか。

私はある時、「万物発展の法則が働いているのに、どうして人間は死に、滅びるのですか」と質問したことがある。

松下幸之助は、「死もまた、生成発展の姿や」と言う。

「一人の人間が死ぬことは、確かに悲しいことである。

しかし君、もし人間が死ななかったら、人類は滅びるぜ」と言った。

人間が死ななかったら、人類は過密になって、窒息し、滅びてしまうだろう。

死ぬからこそ、新しい命が力強く生きるのだ。

そんなやり取りを、命日に、思い出した。


（2015年4月27日）

リンゲルマンの綱引き実験

１９１３年、ドイツの心理学者・リンゲルマンが行った、「社会的手抜き」を調べるためのユニークな実験。１対１で綱引きをすると、人は１００％のチカラを発揮。２対２になると、人は93％のチカラを発揮。３対３になると、人は85％のチカラしか発揮しなくなり、８対８になると、なんと50％のチカラしか発揮しなくなってしまうという。

決して、意図的に手を抜いたのではなく、みんな自分では、チカラを出しているつもり。しかし悲しいかな……人は集団になると、無意識のうちに、いつの間にか手を抜いてしまう。これが、社会生活を営む人間が陥ってしまう「社会的手抜き」という現象！

本来なら、仕事や作業に携わる人数が多いほど、相乗効果で、大きなチカラを発揮してくれるはず。しかし実際には、集団で作業を行う場合など、参加人数が増えれば増えるほど、一人あたりが発揮するチカラが低下していく。

個人が集団の中に埋没していってしまうことを実証したのが、まさに「リンゲルマンの法則」。実際に思い当たる節があるだけに、思わず大きくナットク！

リレーでは、「社会的手抜き」は起こらなかった⁉

「社会的手抜き」と書くと、なにかとても悲観的な気持ちに……

しかしながら、「リンゲルマンの綱引き実験」には続きがあり、声援を送ってくれる人がいると、個人のチカラ発揮は衰えなかったという実証結果も。

当時、チアリーダーという表現が正しいかどうかはともかくとして、チアリーディング的に「○○さん、頑張って！」と応援されると、人はサボらないことも実証された。

ただし、応援してもらった○○さん以外の△△さん、××さんは、チカラが落ちたそうだが……

さらに、もうひとつユニークな発見。

それは、綱引きでは起こった「社会的手抜き」が、同じメンバーで試したリレーでは起こらなかった！ということ。

「リンゲルマンの法則」から学ぶこと！

仕事にしても、作業にしても、社員に「自分がいなければ！」といかに強く意識してもらえるか。

そんな仕組みづくりができるかどうか。

やはりその根底にあるのは、「経営理念」しかり、何のために働くのか、という意識に他ならない。

一人で綱引きする限りは、誰も頼ることができない。

「自分が支えなければ」「自分が必要とされている」という意識そのものが、社員のチカラ発揮に、どれだけ大きな影響を与えるかを、「リンゲルマンの法則」は教えてくれている。

たとえば、現場での仕事、社内での会議などにおいても、自分自身で言いたいことがあっても、まあ〜自分だけが発言しても、あまり変わらないだろうから……

まあ〜自分一人が頑張っても、あまり変わらないだろうから……

「自分一人だけ100％のチカラを発揮して綱を引っ張っても、勝敗には影響しないだろうから」という「リンゲルマンの綱引き実験」と、まさにダブって映る。

参加人数が増えれば増えるほど、社員一人あたりのチカラ発揮度が落ちてしまう。

経営者として意識しておきたいのは、チアリーディングの存在。

社員を応援する、声援を送り続けるチアリーダーは？

やはり最大のチアリーディングは、経営者自身が！

朝から、現場で、大きな声で、「〇〇さん、頑張って！」と、固有名詞で声援を送り続ける、頑張ってくれたら拍手をし続ける。100年前に、すでにリンゲルマン教授が実証してくれているようだ。

そして、「綱引き型」から「リレー型」へと、仕事や作業をシフトしていくことも有用。

社員という「個」が、会社集団という「マス」に埋没してしまわないように、運動会のリレーの選手のように、一人ひとりのチカラや活躍が見えやすいように〝見える化〟していく。

そんな観点から、業務フローを組み立てていくことも、意識付けの問題とともに大切なこと！

（２０１５年7月3〜5日）

「逆ピラミッド型」組織という発想

『働く君に贈る25の言葉』などのベストセラー作家・佐々木常夫先生（東レ経営研究所・元社長）にお目にかかった折、「山崎さん、いくつになった？」と尋ねられた時のこと。

「54歳です」と答えると、佐々木先生から、先生の著書『50歳からの生き方』を頂戴した。

さすが、出版不況と言われる中にあっても、数十万部のベストセラーを誇る佐々木常夫先生の著書には、引き込まれる点が数多い！

これまでの仕事人生を棚卸して、「いいところを見せたい」を捨てる。

「他人の長所」を、とことん探す。

自分の悩みをさらけ出すことで、周囲の人が悩みを話しやすい雰囲気をつくることができる。

「ええかっこしい」を捨てれば、自分も周囲も楽になり、ひいては職場全体を活性化させることにもつながる。

こんなくだりを読んでいると、肩のチカラがスッと抜けていくようで、本当に楽な気持ちになる……

そういえば、50歳を過ぎた頃から、私自身「経営者としての姿勢」が変わってきたようにも思う。

体力的にも、技術的にも、能力的にもエネルギッシュな次世代が頼もしく、若い社員や女性社員さんが、日々充実して、気持ちよく能力を発揮して仕事をしてもらえる環境をつくること。これが自らの役割と、自覚するようになってきたような……

不思議なもので、たとえば朝礼などで、昨日の失敗談を語り、家庭での出来事も含めてカッコ悪い弱点をさらけ出し始めると、社員さんはクスクス笑いながらも、バカにするどころか、むしろ一生懸命支えてくれるようになってくれるような……

そんな中、私自身、経営者として意識してきたのが、「逆ピラミッド型」組織！という発想。

「逆ピラミッド型」組織が依拠している、企業としての価値観とは……

①組織の存在価値そのものを評価するのは、何よりも顧客であるということ。

②顧客との接点の最前線にいるスタッフこそが、顧客サービスを通じて顧客満足度を提供する最重要ポジションにあるということ。

③マネージャーなどの管理職は、最前線のスタッフをサポートする存在であること。

④経営陣は、組織そのものを下支えする存在に徹すべきこと。

レジ後方には「経営理念」、レジ前には「クレド」

「逆ピラミッド型」組織を意識する中で、出会ったのが「ねぎしフードサービス」！

「カンブリア宮殿（テレビ東京）」でも、かなり詳しく特集されていた。

実は「牛たんとろろ麦めし ねぎし」には、今年2月、生まれて初めて入った。

妻が出かけ、娘が風邪で寝込んでしまっていたので、息子と二人で外食ランチ。

近くのトンカツ屋に行こうとしたが、すでに13時30分過ぎていて、店はクローズ。

次に向かったのは、二人してちょうど看板が目に入った「牛たん ねぎし」。

日頃、めったに肉は食べないので、まじまじとメニューを見ていると、牛タンの網焼きは、サーロインステーキ一人前と比べて、カロリーは約⅓、脂肪は約¼とある。

「とにかく、いちばんボリュームが少なく、カロリーが少ない牛タンを」と、すこぶる感じの良い女性店員さんにお願いして、私は「うす切ねぎし」。逆に息子は、ボリューム満点の「厚切たんとろセット」を注文。麦飯も、3杯もお替りして、食べ過ぎが心配になるくらい。

久しぶりに、父子水入らずで、学校のこと、将来のこと……いろいろな話ができて良かった。

でも無意識のうちに、店のビジネススタイルを評価してしまう。仕事柄、性分が抜けきらない?!

驚いたのが、箸袋。なんと、紙でできた箸袋の裏側に、経営理念が印刷されている。

こんな箸袋を見たのは初めて。レジカウンターには、さりげなく〝クレド〟が置いてある。

経営理念、ねぎしの思い、ねぎしの行動規範……。

ねぎしフードサービス・グループの思いがいっぱい詰まっているのが、良くわかる。


水の差し替えひとつとって見ても、ただ単にテーブルの上にボトルをボンとおいて、さもセルフサービスが至極当然……という感じではない。目を行き届かせるように、先の女性店員が、コップの残量を見て、お替りを注いでくれる感じ。

〝クレド〟が単なるお題目ではなく、かなり浸透しているようにみえる。


別に、私はねぎしフードサービスの顧問でも何でもなく、ヨイショしても、何の得にもならないのだが、箸袋の裏側まで見て、深く感じたひとコマだった。

野球ではなく「サッカー型」、機関車ではなく「新幹線型」組織づくり

そして11月9日、念願かなって、ねぎしフードサービス・根岸榮治社長の話を伺う機会が！

企業の最大目的は「**永続性**」と言明される!!

永続することによって、従業員のみならず、取引先、地域社会、ひいては国家も含めて良い関係になれると。

経営理念を内部顧客＝従業員のみならず、外部顧客、取引先、地域社会にまで理解していただく努力をという意味で、全店のレジ後方に「経営理念」、レジ前の一番目立つ場所に「クレド」を置いている。

なかでも、「**人は財産、ともに育ち、学び合い、気づき合う**」

そんな仕組みづくりを目指してこられた根岸社長が、人材育成について熱く語られていた姿……

「監督の指示を待つ野球型ではなく、グランドに出たら全部自分で判断していくサッカー型。先頭車両に引っ張られる機関車型ではなく、全車両が稼働する新幹線型」となる仕組みを創り上げることに、心血を注いできたとも。

ＰＤＣＡサイクルも、最初のPlan段階からの社員参画を心がけ、Do段階からだと他人事になってしまう……と、かなり強く指摘されていたのも、とても印象的。

徹底した「逆ピラミッド型」企業経営

ねぎしフードサービスでは、

「各店長の集まりが会社。各店長が仕事をしやすい会社をいかに作るかが、すべて。お客様は各店に来ていただき、そこで売上が生じるのだから」

徹底して、店長重視、店舗重視にこだわる。

社員・現場重視を掲げる企業は多くあっても、ここまで徹底した企業は、あまり耳にしたことがない。

本部はあくまでもサポート役。SS（ストアサポート）マネージャー、SO（サポートオフィス）スタッフ、そして経営陣に至るまで、すべて店長が仕事をしやすく、やり甲斐をもって店舗運営ができるか！この一点を支えることに徹した仕組みになっている。

各店長が本部を訪れた際には、気持ち的には、お客様＝内部顧客がいらっしゃった……という感じで、本部は各店長を迎え入れるとのこと。

社内でも、名前は役職では呼ばずに、すべて「さん」付け。

「**ヒトが成長できる仕組みをもっていることこそが、企業の価値**」とまで言い切る根岸社長！

経営理念を具現化するための仕組み＝「逆ピラミッド型」組織の採用だったということなのだろう。

牛たん網焼きは、サーロインステーキよりも、カロリーは約⅓、脂肪も約¼！

一度、牛たんを食べながら、「逆ピラミッド型」経営、のぞいてみては?

(2015年2月22日・11月8〜11日)

接触頻度

新たな出会いの4月……関与先との〝接触〟について考えてみたい。

当社でも特に会計業務部門では、毎月、関与先のもとに巡回監査訪問して、経営者や経理担当者の皆様と、しっかりとコミュニケーションがとれているどうか、いわゆる〝接触頻度〟を、毎週のミーティングで必ず確認している。

各担当者は、前週にコンタクトした関与先の業務報告を一生懸命してくれるのだが、実は私自身が目を凝らしてチェックしているのは、担当者から報告がない、いわば接触していない関与先。前回訪問時から時間が空いてしまっている関与先がいないかどうか!

皆様の会社でも、特に営業部門に関しては、既存や新規見込みの関与先との〝接触〟に留意されていることが多いのでは。

単純接触効果って?

〝接触頻度〟とともに考えてみたいのが、〝接触効果〟。

「単純接触効果」とは、人間は対象物と繰り返し接触していると、初めは興味がなかったり、好きではなかったものでも、何度も見たり聞いたりしていくうちに、警戒心が薄れ、次第に好感を持つようになるという効果のこと。

1968年、アメリカの心理学者、ロバート・ザイアンス氏が発表したことから、「ザイアンスの法則」とも呼ばれる、人間の認知心理学のひとつ。

ザイアンス氏は、ある言語をまったく知らない人たちを治験者として、知らない言語の単語を、0回～25回まで、回数を変えて提示し、単語に対する印象を評価したところ、提示された回数の多い単語ほど、好感度が高いという結果を得た。

言語のみならず、顔や名前、写真や音などに関しても、回数に応じて好感度が高まる……そんな、同じ結果になったという。

何度も接触しているうちに……別れがたくも

4月は、まさに入学式・入社式シーズン。

初めて教室や会社で出会ったときの、なんとも言えない緊張感。

旅行もしかり……業界の団体旅行などで、初めて知らない人と同じ部屋になってしまった警戒心。

長時間のバスで隣り合わせになってしまった居心地の悪さ。

初めはどうしても、そんな感情を抱いてしまう。

しかしながら、同じ空間で何度も何度も接触していると、次第に打ち解けて、警戒心が消えるどころか、
最後には
「なんて良い人なのだろう」
「別れがたい旅行」
「涙の卒業式」
にまで、感情が高まり、好感度が増していくことすら、珍しくない。
誰もが、そんな経験をお持ちなのでは？

「好き」「嫌い」の感情が生じる前に

ただし、注意しておきたい大事な点！

「単純接触効果」は、「好き」「嫌い」という感情が生じる前段階で有効な法則だということ。

未知との遭遇で、まだ「好き」でも「嫌い」でもない商品などに対して、「好き」という感情を抱いてもらうためには、「単純接触効果」は有効に働く。


昔のコカ・コーラしかり。

新商品を発売して、まだ見たことも、聞いたことも、飲んだこともないものに対して、テレビCMなどを重ねて流すことにより、認知度が上がり、警戒心が薄れていく……

店頭などでその商品を見たとき、いつか見た商品のように「これ、好き！」と、購買行動に結びつくというのが、「単純接触効果」！


WEBや紙媒体による商品宣伝しかり。社員の営業訪問しかり。

ビジネスの上でも「単純接触効果」を有効に活かしていける場面は、少なからずある。

出会いの季節、大切な人との〝接触〟を考えてみたい！

でも、裏を返せば、すでに「嫌い」という感情を抱いてしまっているものに対しては、「単純接触効果」は活かせないということ。

嫌いなものを、いくら何度も見せられても、余計嫌いになるだけ。

選挙の連呼など、まさにその典型。支持していない政党、嫌いな候補者名を、選挙カーから何度も呼びかけられても、最後には「うるさいっ！」と怒鳴りたくなるだけかも……

時折、ストーカー被害が報道されることがあるが、もしかするとこれも「単純接触効果」を勘違いしてしまった挙句の出来事かもしれない。

ビジネスの上でも「単純接触効果」を考えていく場合には、この点には十分留意しておきたいもの。

当社でも〝接触頻度〟ということを、とても大事にしている。

社内会議では、時折、抜き打ち検査のように、担当者にお客様の誕生日を聞くことすらある。会議時に配布される関与先一覧には、関与先の経営理念をも記すようにしている。

しかしながら、決してテクニックとして大事にしているわけではない。

なぜ、こんなことをするのか？

それは「大切な人の誕生日」「大切な人が叶えたいと思っている夢」などは、きっと知っているはずだから。

親、妻、夫、子どもの誕生日を答えられない人？

自分自身の誕生日を覚えてない人？を探すのは、およそ難しい……

なぜか？

それは、とても大事な人の誕生日は、覚えようとしなくて覚えているから。

だから、**本当にお客様のことが好きで、大事に大切に思っているのならば、**

黙っていても、お客様の誕生日を気にしているはず。

少なくとも手帳に、スマホにメモして、忘れないようにしているはず。

当社は、駅まで至近だ。駅まで歩く1分の間に、お客様に一本電話を入れてはどうだろうか！

と社員には問いかけている。

なぜか？

大切な人なら、気になるだろうと。

用事のあるときだけ電話するのではなく、気になる大切な人なら、用事のないときでも、「どうですか？」

と電話したくなるよねと。

4月は、まさに新しい出会いの季節……大切な人との〝接触〟を考えてみたい。


（2016年4月3～7日）

女性の方が、浮気しやすい？

タイトルを見ただけだと、女性の皆さまには、怒られてしまいそうだが、決して、そんな不埒な内容ではないので、どうかご安心を！

ジェンダー（性別）の違いを、顧客開拓や顧客維持等の経営戦略に活かせないか⁉を考えてみたいと思う。

5月22日、ＴＢＳテレビ「林先生が驚く初耳学！」は、とても興味深い内容‼

美容室、美容学校、エステサロン、飲食店舗等々、接客を伴うクライアントとの打ち合わせが、ちょうど短期間のうちに続いたこともあり、「どうすれば、リピーター率が上がるのだろうか？　新規顧客開拓につながるだろうか？」を、考え続けていた時期だけに、男性客と女性客に対して、ジェンダーの違いから焦点を当てるテレビ番組を、のめり込むように見つめていた。

男性専門美容室が急増中⁉

「美容室の最新トレンド！　男性美容専門店が急増中！」というキャッチで、番組はスタート。

六本木ヒルズはじめ、２０１６年だけで３店舗もの男性専門美容室を新規オープンしたケースの紹介。

「なぜ、男性美容専門店が急増しているか？」という内容。

私自身は……

美容師は、男性にカットだけのサービスはできない⁈

理容師は、女性にパーマをかけてはいけない⁈

理容師と美容師は、一緒に働いてはいけない⁈

そんな前近代的な、嘘のような本当な、若い世代にはにわかには信じがたい。そんな長年の岩盤規制の象徴のような、理容と美容の古い垣根が取り払われたから、と、心の中で勝手に思っていた。

さすがに、私の浅知恵のような答えが、人気番組の正答であるはずもなく、実は、まったく異なる理由だった！

「浮気度合い」男女で9倍もの差⁈

男性美容専門店が急増中なのは、男性と女性の行動心理、いわゆるジェンダーの違い。

男性と女性では、リピーター率、来店頻度などに大きな違いがあるのが、男性美容専門店が急増している理由だという。

番組によると、男性のほうが、いったん美容室を気に入ったら「なかなか変えない＝浮気しない！」という特性があるらしい。

番組では、街頭インタビュー形式の実態調査も行われていて、調査によると、ここ3年間で美容室を変えた回数は、女性が平均8・2回なのに対して、男性は平均0・9回。ナント、男女で、9倍もの差‼

女性の中には、クーポンの初回割引を使って美容室を渡り歩いたり、3年間でナント10回〜20回も、ほとんど毎回美容室を変えている猛者（猛女？）も。

その一方で男性の中には、10年間変えていないというインタビューでの返答も。

ちなみに、美容室の年間利用回数は、男性5・9回、女性4・9回。

カットの平均時間は、男性28分、女性54分。

俺より先に死ぬなよ……

そういえば、かくいう私も大学生時代から、カットしてもらっている美容師は、30年間、一人だけ!

彼が、渋谷の美容室で売れっ子だった頃、友達に紹介されて通い始めたのが、なんと30年も前。

年齢も同じ、誕生月も1か月違いということに加えて、彼が独立したのと、私が議員に初当選したのも同じ年。

彼の結婚式で、スピーチまでさせてもらったくらいの間柄。

そして今では、当社の大事なクライアントにもなってくれている。

「僕が動けなくなったら、自宅までカットしに来てね。だから、先に死ぬなよ……髪を切ってくれる人がいなくなってしまうから」

まさに、「美容室を浮気しない!」生き字引のような存在かもしれない……

ジェンダー理論って?

ここで登場するのが、いわゆる「ジェンダー理論」。

男性は、自分で決めたいという心理的欲求が働き、髪のカットにしても、ファッションにしても、強いこだわりが働くという。その結果、美容室でも洋服店でも、行きつけの店に通い続ける傾向が強いとか。

一方で、女性には「他人と一緒でありたい」という心理的欲求が働き、流行の髪型やトレンドの服などに乗り遅れたくないという心理が強い。

自分自身のこだわりよりも流行に敏感で、情報次第では、ときに美容室も変えてしまう傾向があるという。

「ジェンダー理論」を経営に活かせないか?

ジェンダーとは、「生物学的な性」による特性の違い。決して良い悪いではなく、生まれ持った特性のこと。

この「ジェンダー理論」を、経営に活かせないだろうか?

たとえば、新規見込み客。

先に紹介した私の知人の美容室では、銀座の一等地に店を構えながらも、女性の新規来店客の獲得に、かなり創意工夫する。広告宣伝費等にも、かなりのコストをかけている。

もちろん、見込み客の獲得も不可欠なのだが「ジェンダー理論」を活かせば、総じて「浮気がち（?）の女性」のお客様は、顧客としてのつなぎ留めがポイント!

そこに、より一層の創意工夫、時間、コストをかけたほうが良いことになる。

一方で男性客に対しては、最初のハードルを可能な限り低くして、まずは顧客になってもらうこと。

そうしていったん顧客になっていただいた後は、「ジェンダー理論」に当てはめれば、よほどのことがない限り、顧客としてつなぎ留めることができることになる（はず！）

機会があれば、ぜひともトライアルを……

（2016年6月6〜11日）

「フリーライド」という経営リスク

世の中には、思ってもみなかったことが……

今年は、予期せぬ台風に次ぐ台風。進路変更した台風が北海道・東北地方を襲うなど、〝これまで思ってもみなかった〟出来事に、日本列島が大きく揺れた。

ビジネスをしていても、〝思ってもみなかった〟ことが起こらないとは限らない。

実際に最高裁判所での争いにまでなっている、〝思ってもみなかった〟こんな出来事をご紹介しながら、ビジネスに潜むリスクを一緒に考えてみたい。

「フランク・ミュラー」vs「フランク三浦」

「フランク・ミュラー」といえば、スイスの高級腕時計メーカー。

その「フランク・ミュラー」の名をもじったパロディー腕時計を、大阪の会社が実際に製造販売。

２０１２年３月、この大阪の会社は、自社で製造した腕時計を、なんと「フランク三浦」として、商標登録出願。同年８月、特許庁は「フランク三浦」の商標登録を認めるに至る。

しかしながら、さすがにこれに怒った!! 「フランク・ミュラー」側は、「語感が極めて似ている。当社のブランドや顧客吸引力への、まさに〝タダ乗り〟」だと主張して、特許庁に商標登録の取消を申し立てた。

「フランク・ミュラー」の商標権管理会社からの申し立てに基づき、２０１５年９月、特許庁は「フランク三浦」の商標登録を、いったんは取り消した。

ここまでは、フムふむ……

そんなパロディー商品、認められるわけが?! といった感じだろうか。

商標登録を取り消された大阪の会社は憤懣やるかたなく、特許庁の判断を不服として、特許庁の判断を取り消すように求め、裁判に訴える。

そして訴訟の判決が、２０１６年４月に知財高裁であった。

知財高裁は、「フランク・ミュラー」側ではなく、なんと「フランク三浦」側勝訴とする判決を言い渡したのだ。

「タダ乗り」論争は、最高裁にまで……

知財裁判では、

「呼称は似ているが、イメージや外観が大きく異なり、明確に区別できる。『フランク・ミュラー』は、多くが100万円を超える高級ブランド。かたや、せいぜい4000円〜6000円程度。しかも『完全非防水』とまで謳った低価格商品『フランク三浦』を混同するとは、到底考えられない」と判示。

大阪のパロディー時計が、フリーライドではなく、レッキとした「お笑い時計」として、世に認められた瞬間！

知財高裁の判決を不服とするフランク・ミュラー側は、5月23日、最高裁に上告。

いよいよ、パロディー時計が、最高裁まで争われる事態に！

完全非防水を売りにする、腕時計って？

「世の中、こんなことってあり得るんだ〜」

善悪論、倫理観、そして湧き上がってくる感情は、人によって区々《まちまち》かと……。

しかしながら、個々の感情は少し脇に置いて、「世の中、こんなことってあり得るんだ」という視点から、フリーライドはじめ様々なビジネスに潜むリスクを、いったん立ち止まって考える機会にしてみたい。

ちなみに「フランク三浦」氏なる人物は、人前にはほとんど顔を出すことのない関西人。謎の天才時計師とも言われているらしい。

「フランク三浦」が製造する腕時計は、amazon のオンラインショップでもすぐに検索できるくらい、「洒落たデザイン」「パロディーのノリ」「低価格」を追求したパロディーウォッチとして、知る人ぞ知る商品。外国などで良く売っている、一流ブランドの偽物とは異なるところが、日本らしいというか関西人らしいというか（関西の方、ゴメンナサイ……）。

腕時計の文字盤を見てみると、確かに「Frank Miura（フランク三浦）」と、時に漢字も併記して書いてある。似てはいるものの、「FRANCK MULLER」とは、明らかにスペルが違う！

そして、「フランク三浦」「完全非防水」「ジャパンクオーツ」と、あえて違いを誇張するかのような、むしろ「フランク・ミュラー」と間違えてほしくないかのような商品説明までなされているのだ。

うっ！ウウッ！ここまで表示されていて……「１００万円以上もするフランク・ミュラーの高級腕時計を買おうと思っていたのに、数千円のフランク三浦に騙された?!」と言えるのかどうか。

もしかすると、最高裁の裁判官も考え込んでしまうかも？

税金だって、立派な「フリーライド」

「フリーライド」とは、まさに「タダ乗り」の意。社会や他社が築き上げてきた信用や名声に、自らはコスト負担することなく、スッとタダ乗りしてしまうこと。

フランク・ミュラーのような有名ブランドの名前に、スッとタダ乗りしてしまう。

学校給食を食べているのに給食費を払わない。相応の防衛費を負担せず、他国に防衛を任せて、自国は経済発展に注力などという場合も、かつては「フリーライド」と言われたことも。

ビジネス的には必要な経済的・時間的・労力的コストなどを負担せずに、社会サービスや他社の信用力に乗ってしまうこと。もちろん、悪意でない場合も含まれる。

翻って、日々、費用対効果を考えながら、様々なアイディアや創造性で、他社との差別化を競う現代社会。もしかすると、知らず知らずのうちに、フリーライドしたり、されているリスクがあるかもしれない。

税金や公共料金などを負担せずに社会サービスだけを受けること、これも立派な「フリーライド」。

会計人として、どうしても最後はこんな視点に行き着いてしまう。

やはり、しっかりと支える側に回りたいもの。

（２０１６年９月12～15日）

「消える？職業」VS「消えない？職業」

2030年には、職業の約半分が人工知能・ロボットで代替可能に？

野村総研が、英オックスフォード大学と共同して行った「**2030年から日本を考える、今から2030年の日本に備える。**」をテーマにした研究。

将来的な人口減少に伴って、労働力の減少が予測される日本……不足する労働力を、人工知能やロボット等を活用して補完した場合の社会的影響に関する調査。具体的には、国内約600種類の職業について、それぞれ人工知能やロボットで代替される確率を試算。

その結果、10~20年後には、日本の労働人口のなんと半分近い（49％）職業に関して、人工知能やロボットで代替可能とのデータに、少なからず衝撃が走った！

業界・業種により、それぞれ業務内容等は異なるかと思うが……たとえば、会計事務所業界であれば、「会計監査係員」「経理事務員」「データ入力係」といった職業が該当してくるだろうか。

ちなみに、「人工知能やロボット等による代替可能性が高い職業」とともに「代替可能性が低い職業」も示されているので、比較してみたい。

「創造性が求められる職業」

「他者（他社）との協調性が必要な職業」

「他者（他社）の理解・説得・ネゴシエーションやサービス志向性が求められる職業」

などは、人工知能・ロボット等での代替は難しい、との分析結果。

一方で……

「必ずしも特別の知識やスキルが求められない職業」

「データの分析や秩序的・体系的操作が求められる職業」

などは、人工知能・ロボット等で代替されてしまう可能性が高い。そんな分析結果となっている。

「消滅しない職業」に見えてくる共通項

自社の属する業界は、そもそも「労働集約型」か「付加価値提供型」か。

知識やスキルは、人工知能やロボットで、果たしてどこまで代替可能なのか。

もちろん二者択一でもなく、それぞれの会社・事業においても、当然異なるだろう。

しかしながら、２０３０年に向けて、相応のビッグデータから分析された「消滅する職業」「消滅しない職業」の分類をみるとき、気がつく共通項があるのも事実！

それは、「消滅しない職業」には、

「コンサルティングなど、付加価値提供が求められる業務」

「デザイナー・コピーライター・カメラマンなど、発想力・創造性・感性が求められる業務」

「医師・教師・介護職員・カウンセラーなど、対面協調性が求められる業務」

「いわゆる非定型定期な業務」などが含まれている点!

このような職業は、いくら人工知能やロボットが発達したとしても、取って代わられる可能性は低く、将来においても「人」が担い続けるという姿が見えてくる。


(2016年12月16~20日)

AI(人工知能)によって未来を予測できる日が

1860年代のニューヨーク。そこには「未来のニューヨークを考える会」があったという。

そこで喧々諤々の議論の末、出した結論はなんと「100年後、ニューヨークは存在しない」というもの。

その理由は、当時の人口増ベースのままでいくと、600万頭の馬が必要になり、そのうち馬糞でニューヨーク中がいっぱいになってしまうから。

今となっては、プッと吹き出してしまいそうな理由だが、馬車しかなかった当時としては、かなり真剣な議論の結果だったことだろう。

馬糞から逃れて、生き残ったＮＹ？

しかし、イノベーションによって自動車が生み出され、馬車から自動車に代わったことによって、ＮＹは生き残ることに?!

そうすると、今度は１０００社を超える自動車メーカーが必要になると予測され、企業家が一斉に自動車を作り始めたとも……

そんな１５０年も前のことを考えてみると、これからのアメリカも、日本の将来も過度に神経質に心配しなくても良いのかもしれない。

もしかすると、そんな私たちの懸念を払しょくするかのように、ＡＩ（人工知能）によって、近未来を予測できる日がやってくるかもしれない。

そのことだけは、しっかりと心に留めておきたいと思う。

２０４５年「シンギュラリティ」

かつてＮＨＫスペシャルで放映された「NEXT WORLD」。

２０４５年には、ＡＩが全人類の知能を抜く「シンギュラリティ（技術的特異点）」を迎えると言われる仮説を、様々な観点から検証していく番組。

すでに2014年には、AIが自身で学習して判別や模倣を行う「ディープ・ラーニング」が起こり、最初の技術的革命が果たされていること。

そしてアメリカでは、いち早くAIを活用して、人間以上に正確な未来予測が可能になりつつあること。

ニューヨークでは、AIが毎日、犯罪の種類別に、犯罪の起きそうな地域を予測していること。

それによって、検挙者数は5割も増加し、犯罪率は2割も減少したこと等々。

AIの犯罪予測をもとに、警察が予測地点のパトロールを強化したことによる成果と言われている。

「マイノリティ・リポート」

そういえば、トム・クルーズ主演、スピルバーグ監督の映画「マイノリティ・リポート」も、2054年、ワシントンDCが舞台だった。

犯罪予知システムが浸透して、近未来の犯行を事前に予知し、殺人を犯すと予知された人間を収監して未然に犯罪を防いでしまう。

その犯罪予防捜査官だったトム・クルーズが、AIから犯罪加害者として予知されてしまうストーリー。

もしかすると、2045年「シンギュラリティ仮説」が現実のものとなると、人間の知能を超えたAIが、人間の特性を分析して、誰がいつどこでどのような行動を起こすのかを、事前に予知できる時代が……

今までは絵空事のような世界が、やってくるかもしれない。

このブログも、ＡＩが代筆する時代が……

野村総研がオックスフォード大学とともに、２０３０年を見通して行った「人工知能やロボット等による代替可能性が高い１００の職業」の研究から、わずか15年先の２０４５年。

ＡＩが全人類の知能をも超える「シンギュラリティ」が起こると、代替可能どころではない大きな社会変革が起こる可能性すらあり得るかも。

歌手のヒット曲、人気の出る映画、結婚相手との相性診断、テロの予測……

ビッグデータからの予測が価値を持つ様々な分野はじめ、着実にＡＩ予測の幅が広がっていくだろう。

ロイター通信では事前情報に基づいた予測可能な経済記事作成、Googleでは動画のキャプションづけ、映画編集のカット挿入等々……

今この瞬間、ブログを綴っている私の業務ともかなり近いフィールドまで、ＡＩが予測活動の幅を広げてきていることを感じている次第。

将来は、ＡＩに代筆を頼めるかも？　そんな、まことしやかな時代が近づきつつあるかもしれない。

ロシアのプーチン大統領が、ＡＩを搭載した自分を再現して永遠に君臨（？）というロシア国内での噂まで紹介されていたのには、思わず大きくうなずいてしまったが……

日本経済新聞でも、朝刊1面で大きく「ＡＩと世界」の特集を組んでいたくらいだ。

私たちとしても「エ〜〜そんなこと、自分の生きているうちには?!」と聞き流していた立ち位置から、もう少し頭の真ん中近くに引き寄せて、考え始める時期にきているかもしれない。

（２０１７年2月2〜9日）

要所要所は、女性で……

当社でも、税務会計部門の審査部長、総務を取り仕切る秘書室長、子育て中の女性社員、テレワークを活用している女性社員など、半数以上を女性が占めている。

士業グループとして、為すべき業務を、定められた期限内に、「報連相（報告・連絡・相談）」をも密に進めていくにあたって、いかに女性の業務遂行能力が高く、正確かつ誠実かということ……肌身をもって実感してきたからに他ならない。

そういえば、女性は〝そば屋の出前〟のような業務報告をすることは、これまでも決してなかった。お恥ずかしながら、結婚後かなり年月を経てから、妻の言うことのほうが、かなり正しいということに気がついたことが……女性に対する見方を変えて、当社が「〝よちよち〟ダイバーシティ・マネジメント」をスタートしたきっかけ。

そもそも「ダイバーシティ」って？

「ダイバーシティ」とは、ひと言でいうならば、人材の多様性。

大きく分けると、人種・性別・国籍などのように、外見から識別可能な「表層的ダイバーシティ」と、宗教・価値観・性格などのように、外見からは識別しにくい「深層的ダイバーシティ」から構成される。

「ダイバーシティ・マネジメント」は、人材の多様性を戦略的に活かすことで、企業や組織のパフォーマンスの最大化を目指そうという経営手法。

ときに多様性がもたらす軋轢・コンフリクトを、新しい価値の創造に結びつけようというもの。

「ダイバーシティ」……1960年代の米国～2000年代の日本へ

そもそも「ダイバーシティ」という考え方自体は、1960年代の米国で、公民権運動として人種差別問題等への取り組みの中で生まれた。

黒人や白人女性などに対する差別的な人事慣行を撤廃しようという動きが、ひとつのきっかけとなり、障がい者や高齢者、いわゆるマイノリティすべてを包括する考え方に広がっていく。

ひいては、「ダイバーシティ・マネジメント」として、企業経営にも大きな影響を及ぼしていくことに。

日本では2000年代以降、少子化による労働力不足が深刻化するなかで、女性、高齢者、障がい者、外国人など、否が応でも、多様な労働力を活かす必要に迫られているということが背景に。

同性婚、LGBTなど、家族観が大きく変わりつつあることも、さらなる背景にあるのかもしれない。

フォールトライン（断層線）を引くことなかれ！

日本でも、企業競争力という観点からも、まさに多様な人材を活かして、多様な顧客ニーズにも応えていかないと、継続企業として生き抜いていくのが厳しい時代に突入。

その顧客の多様なニーズに応えるには、ニーズに応えることのできる最前線の多様な人材の確保が必要。

いかに、そのような多様な人材を確保、育成できるか！

今では少ないかもしれないが、男性社員は、総合職・経営幹部候補。女性社員は、一般職・補助担当的ないわゆるフォールトライン（断層線）を引いてしまったのでは、その先に進みようがない！

性別などの目に見える「表層的ダイバーシティ」のみならず、価値観などの目に見えない「深層的ダイバーシティ」をも活かして、各人の個性をでき得る限り引き出し、最大限に活かして、経営に活かす知恵や戦略が生み出せたら、企業としての競争力もどんなにか高まることだろう！

「和」「同質性」を重んじる日本の風土

しかしその一方で日本の企業では、職場の「和」や社員の「同質性」を重んじるという、古き良き風土があるのも事実。

企業としての競争力の源泉とも言える「チームワーク」や「統率性」を保持するためには、欠かせない重要な価値観でもあるからだ。

多様性がもたらす様々な軋轢・コンフリクトを、新しい価値の創造に結びつけるというのは、特に日本の企業では「言うは易し、行うは難し」だろう。

そんな中でも、「ダイバーシティ・マネジメント」を目指して考え続けるということ自体が、実は企業を強くしていく一里塚なのかもしれない。

（２０１７年７月10〜14日）

自分しか見ていない！

TKC東京都心会四谷支部の例会に先立つ研修会。大原簿記学園グループから、講師を招いての研修会。簿記・会計はじめ様々な資格取得のための専門校の草分け、大原簿記学園グループから、講師を招いての研修会。

それにしても、昨今の税理士試験受験生の減少ぶりは著しく、この14年間で、約3割も減少している。

そんな数値に加えて紹介されたのが、同社が実施している、会計事務所就職希望者へのアンケート調査。

「税理士業界への求職者が重視すること」

①勤務地　②仕事と勉強の両立　③仕事の内容　④研修制度

このアンケート結果を見て、①②からは、勉強ができる環境かを判断基準、③からは、会社と自分の方向性の一致を判断基準、④からは、自分を成長させてくれるかを判断基準として、就職する会計事務所を選択しているとの分析コメントがあった。

要は、「自分しか見ていない！」。そのような求職姿勢だけでは、企業経営者と苦楽を

税理士試験の申込者数と受験者数

	平成14年	平成20年	平成28年
申込者	63,820人	63,409人	44,044人
受験者	52,560人	51,863人	35,589人

ともにし、これから遭遇するであろう数々の修羅場をも乗り越えていくことができないのでは……

私自身、以前だったら、そんな一喝もしたくなるところだが。

待て待て、そんなミスマッチこそが危険との総括に、なるほどな、と妙にナットク。

まずは、「求人企業と求職者の意識の差」。会計事務所経営者は「自利利他」の精神で、関与先とともに生き抜くという志を求める。求職者は、必ずしも同じ志で求職しているのではない！

そして、「民間専門家としての意識」。大学等で会計を学んできた求職者の就職先選択は、会計を専門とする会計事務所同士が競合するのではなく、一般企業が求人のライバル、競合であると知るべし！

確かに当社も、現実を見据えて、受験専門校と同じビルにオフィスを移そうかとまで……かなり真剣に検討したことも。


確かに、良い人材はほしいが……それ以上に、〝志〟をもって数字を扱う〝人財〟を見つけ出したい！

（２０１７年11月9日）

「隙間」時間

12月13日11時、新宿区北新宿にあるRIZAPグループ本社にて打ち合わせ。
青空に加えて風もなく、気温も低かったので、同社の入っている新宿フロントタワー31階からは、遠く雪景色の富士山がくっきりと見えて、心の底まで澄み渡ったような気分!

主な打ち合わせ内容は、〝国際〟税理士法人たる当社として、語学力強化のためにRIZAPグループの力を借りたい旨の相談。
中国への赴任経験も持つ、リクルート出身の役員から、RIZAPグループ全体の事業展開についても詳しく説明を受ける。

また、RIZAP ENGLISHには、ボディメイクやゴルフレッスンなど、RIZAPでの一定期間にわたる自身の成功体験を経て、今度は英語にチャレンジ!という人も多いという。
最初のカウンセリングとして、一日3時間を、目標達成のための英語トレーニングに割けるかどうかを確認する。せっかくカウンセリングに来ても……大半は、この時点で無理?!と諦めてしまうらしい。
一日3時間×30日×3か月＝270時間
何事にも、短期で成果を出すための、必要となる最低限の時間なのだろうか。

目の前に座るRIZAP ENGLISHの担当役員。
自社のRIZAP ENGLISHの成果を確かめるため、あえて自身でトレーニング効果を検証しようと、自らの時間を捻出。自らにも負荷を課しながら、自費で英語トレーニングを受けているという話に、ホンキの本気を感じて、思わず聞き入ってしまった。

やはり、忙しいビジネスパーソンにとって、時間の捻出には、「隙間」時間の活用が大きなポイント！

スイスの心理学者、アルフレッド・ビネーは、かつてこう言ったという。

「一番忙しい人間が、一番たくさんの時間をもつ」

「隙間」時間……スマートフォンが欠かせない昨今、わずかな時間ができると、反射的にスマホを取りだして画面に見入っているだけかも？

そんな中で、わずかな時間、貴重な「隙間」時間をいかに使い切るか。一日のうち5分・10分を大切にすることは、人生を大切にすることにもつながる。そんなことは、頭では分かりきっているのだが……

（２０１７年12月13日）

「今日が人生で一番若い」

（株）未来総合研究所代表取締役の若尾裕之氏から送っていただく「未来デザインメルマガ」。若尾氏とは同じ歳。時に生きる姿勢に関しても〝簡にして要を得た〟アドバイスをしてくれる内容には、共鳴することが多い。

ちょうど10日くらい前に受けとった「未来デザインメルマガ」第993号。テーマは「今日が人生で一番若い」。内容が秀逸だったので、ぜひともご紹介したい。

あと1週間で6月も終わります。
今年も1年の2分の1が終わったことになります。
月日の流れは早いです。

自分で「もう歳だから無理」とか「もう少し若かったら出来たのに」と言い訳して、新しいことにチャレンジすることに、あきらめてしまっている人が多いように見えます。

今日より明日はもっと歳をとっています。

今日のあなたが、長い人生の中で一番若いのです。

何かをしようとしたら、今日からはじめることです。


私自身、50代後半になったことを良いことに（言い訳にして？）、次の世代の社員さん達に、「これからはもう君たちの時代だから」と言う機会が、口癖のように増えてきている気がする。いや、気がするのではなくて、これから頑張るのは、次の世代の若いみんな、我々は、もうそろそろ楽をさせて……

「運転手は君だ　車掌は僕だ」という歌が、幼い頃あったが、まさに「頑張るのは君だ（頑張る君を）応援するのは僕だ」というような姿勢に入り込みつつあったようにも思う。


人間は「相対差」ではなくて「絶対差」。

若い人たちと比べるのは、あくまでも「相対差」。昨日までの自分自身と比べるのが、「絶対差」。

確かに、今日の私が一番若い。今日の私自身が、残された人生の中で、一番若い。

だから、若い世代の人たちに「頑張れ！」という前に、これからの残された人生の中で一番若い、今日の自分自身に「頑張れ！」とハッパをかけなくては。


（2018年7月1日）

東京無線タクシー発……「真実の瞬間」

自宅に車を置いて、酒席の待ち合わせに急いでいた。

電車でわずかひと駅だけなので、駅まで走って、電車に乗ろうと思っていた。

大通りに出たら銀行の前に、お客さんを降ろす東京無線タクシー。運転手さんが運転席から降り立って、タクシーから降りる年配のお客さんに、あまりにも丁寧な見送りをしている。

その後ろ姿を見ているうちに、すっかり気持ちが変わった。

「どうしても乗せてもらいたい」

そんな気持ちにまでなって、見送りを待った後、タクシーに乗せてもらうことに。


「ひと駅なので、近くて申し訳ありません」

「いえいえ、とんでもありません」

こんなやり取りから、運転スタート。

それにしても一週間最後の金曜日夜。こんなにも懇切丁寧な対応のタクシーに乗ると、本当に一週間、一生懸命働いてきて良かった！という気持ちになる。なんとも気分が良い!!

短い時間だが、タクシーに乗る人の気持ちを分かって、後部座席の前方には、車内に新聞紙まで置いてある。しっかりと乗客の心を捉えて、丁寧に案内してくれる。

「運転手さん、なぜそんなに素晴らしい応対なのですか?」

「実は、タクシーに乗ったことの少ない乗務員が多いので、お客様が求めていること、乗っているときの気持ちが、分かっていないことも多いのです」

その運転手さんは、ずいぶんタクシーに乗ってきた(=お金を使ってきた)だけあって、乗っている人の気持ちがよくわかるという。

あまりにも素晴らしい接客に感銘して、思わず聞いてみた。

「運転手さん、『真実の瞬間』って、知っていますか?」

「ええ、知っています……」

本家・スカンジナビア航空の『真実の瞬間』

『真実の瞬間』は、スカンジナビア航空を再建した当時のヤン・カールソン社長が書いた本のタイトル。航空券販売や客室乗務員など、最前線の従業員の最初の15秒間の接客態度が、その航空会社全体の印象を決めてしまうという内容。

ヤン・カールソンは、その15秒間を『真実の瞬間』と呼び、これを本のタイトルにつけた。

ヤン・カールソンが社長だった1986年当時、スカンジナビア航空を利用した一年間の旅客数は、約1000万人。その1000万人は、それぞれほぼ5人のスカンジナビア航空の従業員に接した。

空港のチェックイン・カウンターで搭乗券発行の時、機内に手荷物を預ける時、機内に乗り込んで席に案内される時、機内で客室乗務員からサービスを受ける時、到着後、機外に降りる時……等々。

1回の応接時間は、平均15秒だった。

1回15秒×5回×1000万人＝7万5000秒

すなわち、1回15秒×5000万回、顧客の脳裏に、スカンジナビア航空の印象が刻み付けられたことになる。

その5000万回の『真実の瞬間』が、ひいてはスカンジナビア航空の成功、いや運命をも左右する。

その『真実の瞬間』こそが、スカンジナビア航空が最良の選択だったと顧客に納得させなければならない〝運命のとき〟なのだ。

当社としても『真実の瞬間』を、しっかりと大事にしていきたい。

（2018年7月7～8日）

現役ハーバード大学生が語る「海外留学の魅力」

海外留学の魅力

とても有益だった船井総合研究所主催の経営戦略セミナー。

3日間の締めくくりは、現役ハーバード大学生が語る「経営シフトを実現する後継者育成」。

経営者も士業メンバーも、ほぼ帰路に着くなか、実はこのセミナーを楽しみにしていた私は、品川プリンスホテルから再度、グランドプリンスホテル新高輪に、車も駐車し直して、最前列で聞き入る。

講師は、灘中学から灘高校、東大法学部に進むも、途中で休学してハーバード大学に転籍した髙島崚輔氏。1997年、大阪生まれ。灘中高時代から、常に学年トップで、クラスメートからは「ノートの神様」と称されていたらしい。海外大学生活の傍ら、NPO法人「グローバルな学びのコミュニティ・留学フェローシップ」の理事長も務めておられる。国内大学に留まらず、あえて厳しい海外大学へチャレンジする道を選んだ日本の若き侍として、AERAなど多数のメディアでも取り上げられている。

秀才にもかかわらず、育ちも人柄も良さそうな、物腰も柔らかい絵に描いたような好青年。息子や娘よりも、少しだけ年長。ちょうど我が家でも、子どもたちがどのタイミングで留学したら良いのだろうか、と話題になることが多いので、まるで息子を見るような想いで、髙島氏の話に聞き入った。

話を聞いてみると、高校2年の夏に海外大学進学を意識したとのこと。

海外大学では、「自分」を主語にした「学び」のデザインを描けることが、何よりの魅力だという。

ハーバード留学後、福島原発事故5年後に日本での現地視察後、米国に戻ってプレゼンテーション。

数々の想定問答を用意しながらも、学生からぶつけられたのは「あなたはどう思うの?」「あなたなら、何ができるの?」との問いかけ。

目の前に起きた出来事に対して、自身がどう考え、何ができるのだろうか……

徹底した主体意識に、日本での学びとの大きな違いを感じたと話す髙島氏。

海外留学の特徴は「好きなことを学べる」こと。

ハーバードでは、日本の大学のように、一定の範囲内で決められた科目を受講するのではなく、1000にも及ぶ科目のうち、1学期4科目しか選択できないぶん、責任をもって「自分」で何を学ぶかを決める。「自分」の責任で選び取ることを学ぶ。

そして「いろんな意見を聞ける」こと。

優秀な学生が世界中から集うので、自身の意見はさも日本人の意見代表のように、海外の友人学生には捉えられることも。特にハーバードのような、各国からの少数精鋭が集まる場では、国を代表する立場という、責任の重さを学ぶ。さらに、大小様々な場で自分の意見を述べる機会があること。

寮生活など同輩や先輩との対話を通じて「自分」を見つめ直す機会があること。

各界のトップに「自分」をぶつけることもできる魅力も。国連の潘基文事務総長（当時）も、よく来校してくれたという。

さらに「クラブ活動も頑張る」こと。

「自分」に何ができるのか。夏休みが長いので、インターンなどを通じて自分で学んだことを実践する機会も。実社会でどう生かしていけるかを学ぶことができる。アメリカの大学は実社会と近いと実感する。

ハーバードと日本の大学との違いは、「テーマ」と「アプローチ」にも。

自身がハーバードに進学した目的でもある、エネルギーという「テーマ」に対して、経済、政治、技術等々、様々な「アプローチ」から考えることができる。

最初に入る学部が決まっていないのが、米国大学の大きな魅力でもあるという。

ハーバード大学の門には、こんな言葉が書かれているという。入口側には、「ここから先はウィズダムの門」、出口側には「ここから先は自分が学んだことを世の中に生かす」。

私自身、ハーバードの門をくぐったことはないが、大学生の子どもたちとも一緒に、ぜひともボストンに行って、この門に書かれている原文を、この目で確かめてみたい！

海外大学での実際の生活は、すべて主語が「自分」である世界。

出願、授業選択、将来の進路まで、ありとあらゆる場面で、自分で決断することが求められる。

徹底的に自分と向き合い、自分で決断を下す。

髙島氏が海外大学に惹かれていったのは、そんな点だったと語る。

今度は、自分で決断を下していくというサイクルを、次の世代の全国の高校生に届けたい！

そんな思いで、夏休み期間を使って、帰国して「留学フェローシップ」活動を展開する髙島氏。

〝東大～ハーバード〟の育て方

講演後、大学生の子どもたちへの留学アドバイスもそっと相談。

息子の同級生にも、東大を早々に休学してハーバードに進んだ友人がいる。髙島氏の少し後輩かも。

おそらくは多くの親が気になるのは「どんな育て方をしたら、性格も能力も兼ね備えた、こんな素晴らしい世界のトップエリートに育て上げられるのだろうか」という点かも。

髙島氏は親から「押し付けられなかった」ことが、大きな成長の糧だったと話す。

１日50冊も親が絵本を読み聞かせてくれて、50冊読んでもらい終わるまで寝なかったという。

さらに「本物」を見せてくれたとも。自然の中でのキャンプや美術館等々。とにかく本物にふれさせてもらって、本物を全身で、五感で感じることができたそうだ。

そして、海外留学を切り出したときにも、諸手を上げて大賛成でもなく、大反対するわけでもなく……親が、そっと心配をぶつけてくれた。

「大学院からでは、なぜいけないの？」

「短期留学ではなくて、なぜ長期留学なの？」

「ボストンは、治安は大丈夫なの？」

自分の頭で考えて、選択できるように「対話」を大事にしてくれたとのこと。

再度、私が我が家の留学について、アドバイスを求めると、

「とにかく1回、飛び込んでみること。短期間でも良いから、一度飛び込んでみる。それから、具体的な選択肢を考えていくのが良いと思いますよ」と教えてくれた。

未来の日本を、将来の世界を背負っていってくれるだろうグローバルに輝く逸材に会うことができて、なにかとっても幸せな気持ち。

本当に素晴らしい活動！　次の世代のためにも、応援せずにはいられない！

（２０１８年８月23〜26日・９月１日）

ハーバード大学の実証調査「3：10：60：27の法則」

昨日は、土曜日返上。船井総合研究所が主催する会計事務所向けの研究会に参加。

研究会の最後で紹介された、この図！

「80：20の法則」という「パレートの法則」はあまりにも有名だが、この図は割合がかなり異なる!!


ちなみに「パレートの法則」とは、「80：20の法則」が当てはまるというもの。

組織全体の2割の人が、8割の売上を上げている。全体の2割の顧客が、8割の売上を占めている。

2割の製品が、全体の8割の売上を占めている等々。

昨日、紹介があったのは、ハーバード大学が実証調査した「3：10：60：27の法則」。
27％の人が「何も知らず、自分からは何もせずに生きている人」
60％の人が「知っているけど、行動しない人」
10％の人が「知ったことを、出来るようになった成功者」
3％の人が「無意識に出来てしまう大成功者」
という階層分け。

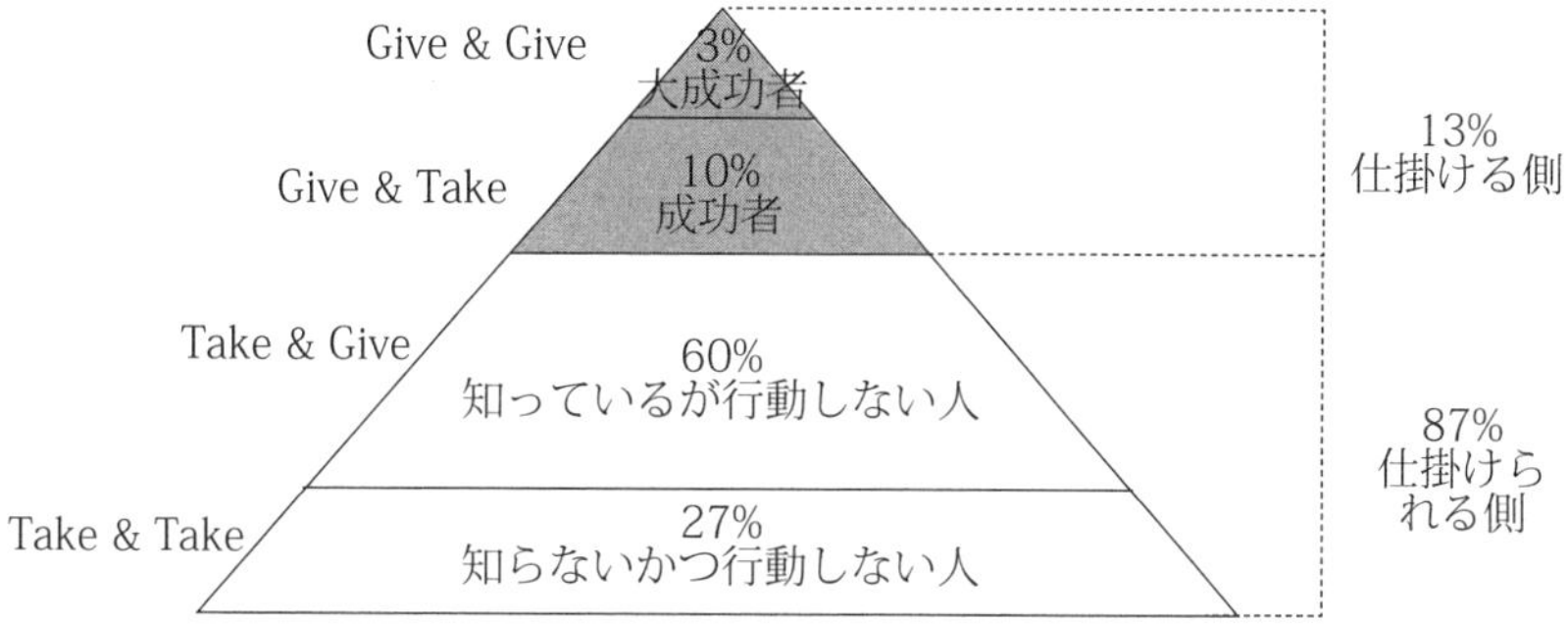

27％＋60％＝87％の人達が「サービスを需要する側」
10％＋3％＝13％の人達が「サービスを提供する側」

さらに言えば……87％の人達が、何某かの商品・製品・サービスを「仕掛けられる側」

13％の人達が、何某かの商品・製品・サービスを「仕掛ける側」に分かれるというもの。


確かに、指摘されてみると、これが現実なのかもしれない。

そんな気にもなる……。


ハーバード大学の調査によると、この階層ごとに明らかにマインドの差があるとのこと。

27％の「知らない、行動もしない」人達のマインドは、人をあてにしたり、なんとなく過ごすだけ。

60％の「知ってるけど、行動しない」人達のマインドは、夢や希望を持っているけど、そこへの道筋をしっかり定めないでいる人。

変化を嫌い、変革を恐れて、今に留まったまま行動を起こさない人。

10％の「知ったことを実践して、出来るようになった」人達のマインドは、中長期の未来をしっかり考えて行動する人。

3％の「無意識で出来てしまう」成功者たちのマインドは、人生の目標に使命感をもって、その目標に向かって進んできた人。

27％の人達は、Take & Take（常に人から価値をもらおうとする）……三流の人
60％の人達は、Take & Give（価値を与えられたら返す）……二流の人
10％の人達は、Give & Take（人に価値を与え見返りを得る）……一流の人
3％の人達は、Give & Give（人に価値を与え続ける）……超一流の人

振り返って、昨日の研究会。

いつもなら、新たに研究会に入るのに、若干日にちを置くのだが、「3：10：60：27の法則」を聞いた直後だったせいか、私にしては珍しく、事前に財務部長の了解を得ることなく、会費のかかる研究会への入会を、即断・即決！

でも、決して勢いからだけではなく、研究会資料内容の充実度を確認して、当社クライアントに対して貢献できる内容との確信が持てたがゆえ。

大切なクライアントに喜んでいただけて、本当に役に立てるサービスならば、一日でも早く、しっかりと提供したい！　そんな思い一念……しっかりと形にして貢献したい。


（2018年10月21日）

野球は人を育てる、会計は人を育てる

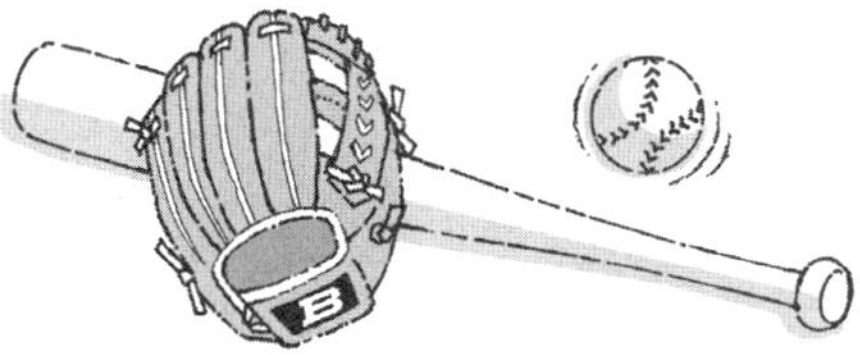

昨夜、自宅で夕食をとりながらテレビを見ていた。最近、すっかり野球を見なくなってしまったので、初めてドラフトだったことを知ったくらい、情けない状態。

ＴＢＳの特集番組は、ドラフト候補の選手を追って、選手を支え続けてきた家族との感動を密着取材。

横浜高校・渡辺元智監督。かの有名な常勝軍団・横浜高校を築き上げた名将。

横浜高〜明治大に進学した渡辺佳明選手が、楽天から6位指名された瞬間！

あの鬼の名将の目から涙が……語ったひと言「野球は人を育てる」。

遡って、昨日17時。

当社20代の若手社員が、経済産業省が推奨する「ローカルベンチマーク等」を活用した「早期経営改善計画」策定支援事業について、一生懸命、関与先に説明してくれていた。

風邪を引いた私は、声が出ないこともあって終始聞き役に徹していたのだが、それはそれは一生懸命に説明している。

国家資格もなく、まだまだＴＫＣ巡回監査士補試験を、来月に控える成長途上

なのだが、会社の方針を一生懸命に勉強。数値を使った「財務指標」のみならず、それなりに経験が必要な「非財務指標」に関しても、目の前に座る40歳超も年上の関与先経営者に、一生懸命語る姿。

ＴＫＣなどでの外部研修を「Off-JT」とするならば、先輩社員や私が、関与先に説明する現地実践の場に同席し「OJT」として学んで、自分のモノにして、説明できるまで習熟する。

会社の基本方針に則って、真面目に一生懸命学んで、実践しようとしてくれる姿勢を私は高く評価している。心から大事にしたい。

渡辺元智監督の言葉の重さには、はるかに及ばないが……

「会計は人を育てる！」。そう深く信じている。

（２０１８年10月26日）

家族に感謝

娘との食事

土曜日、相続セミナーでの講演中に、iPhoneが鳴る。

娘からだ。「今、家に帰って来たけれど、何時なら行ける？」

バスケットボール部に入部したばかりの娘から、バスケットシューズを買う約束をしていた私への催促の電話だ。


ひと通り、買い物を済ませた後、娘と二人ですし屋に入った。子ども達がまだ小さい頃、小指の先のような赤身にシャリをつけて、初めてにぎりを食べた店。それ以来、子ども達もすっかり魚が好きになった、懐かしい思い出の店だ。

好物のすしを食べながら、明日から出かける東北地方の話をする。

仙台から気仙沼まで、3日間かけて、震災復興ファンド支援について意見交換をしてくる予定だ。

特に、3日前に一緒に神戸を視察・交流した気仙沼の商店街の皆さんとの話を娘に聞かせた。


「ところで、今回の震災はどう思う？」と、娘に投げかけてみた。

学校に宮城県出身の先生がおられて、先日、地元に帰られた時に撮影したビデオを、授業中に生徒達に見せてくれたそうだ。

「地震のような天災は、防げないかも知れないけれど、原子力とか環境破壊とか、人間のせいで起こしてしまった部分も、大きいと思う」

娘のそんなひと言を聞きながら、原発推進か脱原発かすら、明確な意見を持ち合わせていない父親が、娘の目の前にいることに気づいた。

プロになる前に

新宿区には複数の大学病院がある。

そのうちのひとつ、西新宿にある東京医科大学の医師・医学生支援センターが、医師を身近に感じてもらおうと、中高生向けの講演会を開くというので、娘とともに参加した。

そもそも、大学病院がこのような催しを開くこと自体が、とても珍しいのではないか。

私も話を聞きながら、もし自身の中高生時代にこのような講演会にふれていたら、医師を目指したかもしれない…と思うほど、魅力的な講演会だった。実際の医学部での生化学講義の一コマとともに、医師になる前に知っておいてほしいこと、という二つのテーマでの講演。

これから目的をもって職業選択をしようという中高生にとって、実際のキャリアの内容を生の現場で聞く機会は、意外と少ないのではないだろうか。

魅力的な話ばかりではなく、つらく厳しい話が多かったことも、私にはとても魅力的だった。

研修医時代が、いかに厳しいか。研修医2年目は「奴隷」、1年目は「ゴキブリ」と呼ばれることも初めて知った。夜の当直が多く、夜中じゅう、ゴキブリのように病院中を徘徊することから付けられたそうだ。急患対応、重症患者対応のための時間外勤務や超過勤務等が多く、これが当たり前のようになっていること。専門性を高めるために、日祝祭日も学会・研修会に行く機会が多く、しかも代休もなし。

今、2週間もの税理士試験特別休暇をとっている、受験組の社員を集めて聞かせたいくらいだ。

最後にふれた「最も大切なメッセージ」は、隣りに座ってメモをとり続けていた娘の心にも深く残ったようだ。

・あなたは、自分の力だけで、医師になったのですか?
・あなたが医師を目指すことは、あなたが医師という仕事を続けることは、今までの教育、周囲の人達の理解、思い、国や大学も支援などの賜です。
・あなたが自分で「勉強を止める、仕事を辞める」などの判断をする立場ではないことを、覚えておいて下さい。

・どんなに医師になりたくても、どんなに努力しても、なれない人が大勢いることを、心にしっかりと留めておいて下さい。

久しぶりに見た娘の真剣な眼差しが、父親として、とても嬉しかった。

単なる偶然とも？

今日は、母の見舞いに行こうと夜の予定を空けておいたのだが、午後に急ぎの相談依頼。18時からの打ち合わせを終え、関与先にも事情を話して、急ぎ車に飛び乗る。20時の面会終了時間まで、あと25分。外苑から首都高速に乗るが、無情にも車のナビの到着予想時刻は、20時5分。心なしか、アクセルを踏み込む足にも力が入る。レインボーブリッジを渡って、葛西ＩＣで降りる。あと5分。このまま急げば、間に合うかも…と思った途端、ナビの到着予定時刻が遠のいて行く。

なんと、下道に出なければならないところを、また高架橋に乗って、千葉県に向かっているではないか。Uターン、Uターン…とあせって探すも、橋の上。千葉県に出て、浦安まで行かないとUターンすらできない。おまけにナビを見ると、ディズニーランドからの帰り車の時間帯にぶつかったせいか、Uターンの道は渋滞を示す赤印。


イライラの極地に達しながら、浦安でUターンしようと停車した時だ。

目の前に、見覚えのある車。自動車電話のアンテナ。車両ナンバーも、見覚えがある。

あれっ?!　うちの車だ。

それも、目の前に停まっているではないか。

そういえば、昨夜、妻と娘がディズニーランド計画を練っていたのを思い出した。

この広い社会で、こんなことってあるんだ。単なる偶然とも、どうしても思えない。

高速入口手前、追い付きかけたが間に合わず、妻は首都高速へ、私はそのまま下道で病院へ。

やっと車を止めた後、娘に電話するとやはりうちの車だった。


母の見舞いには、残念ながら15分も遅れてしまったが、家族を結びつける不思議な「何か」を感じざるを得なかった〝偶然〟だった。

親孝行

新しい年度スタート。

神棚と仏壇に、いつもよりゆっくりと手を合わせて、10時30分の来客のため、日曜出勤。

今日は、贈与税の相談。

お母様から電話があり、7月に結婚式を控える息子さんと一緒にご相談に。実家近くに中古マンションを買って、将来、階段の昇り降りがきつくなってきた時に、親御さんの住む一軒家と住み替える計画だ。

親などの直系尊属から住宅資金贈与を受けた場合の非課税特例に関する税制改正が、ちょうど3月30日に参議院で可決。

2012年なら、1000万円までの非課税特例が継続されることが決定したところだ。

それにしても、息子さんのやり取りを見ていると、お母様を気遣っている様子が本当に伝わってくる。

「ご料金は?」と帰り際にも尋ねられたが、「結構です」と断り続けた。

お金よりも、なにか、仲睦まじい親子の幸せを手伝えたようで、心の中に満足感が広がるようだった。

今度は、自分の親孝行の番とばかりに亡父の墓参。急ぎ自宅に帰って、子ども達と合流。

今や土日は子ども達のほうが忙しく、春休み最後の日曜日にギリギリ間に合った感じだ。

墓参の後は、母の入院する病院にお見舞い。なかなか孫達を連れて行けなかった親不孝を反省しながら、首都高速を病院へと急いだ。

心も体もすっかり成長した孫達を見て、母が涙を流していた姿が忘れられない。

救急車で病院に運び込まれ、しばらく不安な日々を過ごしている母。

少しでも元気づけることができたら……

ちょっとした母孝行……

午前中、不動産管理会社から2名の来客。

父が他界した後、父と過ごした家を懐かしむ母の気持ちを慮って、しばらくは、父の生前のままにしておいた実家。数年を経て、今から8年前、実家を建て替えて、母の住まいとアパート経営の併用住宅に。

その時、サブリース契約をしたのが、来社された不動産管理会社。借上賃料は、2年ごとの契約更新。建物が建ってから年数が経過してきたので、サブリース契約での借上賃料の支払いを、月額5千円だけ減額して更新したい旨の申し出に……先日来、再考をお願いしてきた。

実家の母も80歳超。年を取ってきて、年金も少なく、徐々に体が動きにくくなってきている母にとって、毎月の収入が減るというのは老後の人生の心配が増すだけ。

せめて、最初の10年間だけは、借上賃料を据え置きにして、母の気持ちを安心させてもらえないだろうか。必要であれば、私が毎月そっと5千円を負担してもいいので。

「あ〜、お父さんとの思い出がいっぱい詰まった家だったけれど、建て直して良かった。良い会社でよかった」

母に、そう思ってほしかったので。母を安心させたいので。母に老後を心配なく過ごしてほしいので。

そんな息子・娘の気持ちを汲んでいただけないだろうか……とのお願い。

実はそうはお願いしつつも、内心は半ば難しいだろうな……と思っていたところ、昨日、責任者が来社され、開口一番「お気持ちを察して、従来通りの賃料で契約させていただきます」との回答。

思わず、なんとも言えず、とても嬉しく、同席していた妹も涙ぐんでいる様子。

たかが5千円、されど5千円。決して、無理強いをしたつもりはないが、老親を思う子どもたちの心を理解していただいた不動産管理会社に、心の底から感謝。

電話口で、母のホッとして喜ぶ声が、なんとも嬉しかった……

妹の誕生日

午前中、一緒に仕事をしている妹が、私の部屋に来て「今日は、少しだけ早く帰りたい」という。キョトンとしていると、「今日、誕生日だから家族そろって……」と言われるまで、情けないことに忘れていた。

昨夜、TKCでの懇親会の後、子ども達が生まれて初めてマグロを食べた昔懐かしいすし屋に行って、つい日本酒を飲み過ぎてしまい、ウッカリ忘れていた。

反省どころでは済まないのだが、本当にごめんなさい。


思い起こすと、妹が生まれる直前、印刷屋と一体だった我が家のトイレに、「兄10歳、弟0歳」と落書きし、〝巨人の星〟の大ファンだったやんちゃ坊主は、弟と一緒にキャッチボールをするのが、夢のまた夢。妹が生まれたとき、「妹なんか、いらない！」と言って、死んだ親父に、こっぴどく叱られたこと……走馬灯のように思い出す。

でも、生まれてからは、可愛くて可愛くて、中学校の部活が終わると、バスケットボール部のみんなと一緒に、中学校から歩いて、妹の保育園に迎えにいくのが、とても楽しみでならなかった。

今日、早く帰った後も、一生懸命仕事の心配をして、長文のメールをくれる妹。

いてもたってもいられずに、こんなメールを返して、至らぬアニキからの、せめてものお祝い!!

『今日は、大事な誕生日のお祝いですぞ!そろそろ、仕事のことは忘れて! Happy Birthday!』

がん検診

実は妻以外、子ども達にも社員さんにも、誰にも言わなかった。3月上旬に受診した、新宿区がん一次検診の結果が、3月24日に送られてきた。毎年のように、どこもなにも異常がないものとタカをくっていたのだが、いつもより入っている書類の数が、心なしか多い。ムムム……

前立腺がん、肺がん、大腸がん……と一次検診の結果は「異常なし」との診断結果だったのだが、胃がん検診結果だけは、生まれて初めて「精密検査を受けてください。」との診断結果?!

さすがに、その瞬間は、す～っと血の気が引いて、かなり動揺する。

コメントには、「一次検診の結果、精密検査が必要と判定されました。これは、一次検診の結果だけでは、はっきり診断がつけられないため、さらに詳しい検査が必要とされたものです。心配なさらずに、医師の指示に従って精密検査を受けてください。」

そうは言っても、やはり心配になる。

仕事は？　がん保険は？　万が一の時は、胃を切ることになるの？

私自身は、妻に対してもめったに弱音を吐かない性格だが、この日だけは、妻にメールして弱音を吐いた。

「生検は？　ピロリ菌検査は？　コーヒーの飲み過ぎかもしれないので、今日から止めましょう。

がん検診で引っかかった友人のご主人は、単なる胃炎だったそうよ。

成人病検診で精密検査と判定されても、ほとんどはガンでないことのほうが多いそうだから」

こういう時の、妻からのひと言ひと言は、本当に有り難く、胸に染み入る……。

そして今日、いつもPET検査まで人間ドックを受診しているクリニックで、上部内視鏡の検査。

良性びらんのコメント付きだが、おかげさまで胃がんの疑いもなく、無事に検査終了！

日頃、いつ死んでもいいくらいの気持ちで過ごしているつもりなのだが、やはり人間は弱いもの……

心配してくれていた妻からは、「**許された命に感謝して**」とのメール。

「**感謝して、一生懸命仕事します！**」と、鎮静剤から覚めやらぬまだボ〜っとした頭で返信しながらも、

ホッと一安心！

父から息子へのメール

『ビジネスマンの父より息子への30通の手紙（キングスレイ・ウォード著・城山三郎訳　新潮社）』に、少し触発されて……もちろん及ぶべくもないが。

力の限りを尽くして、精魂果てて、学園祭を終えた息子に贈ったメール。

お恥ずかしながら、少しだけ公開……


正直言って、学園祭初日の舞台を見た時は、どうなることかと思いましたが……

今日の司会、次から次へと出演したイベント。紅白歌合戦のような盛り上がり。

そして、最後のファイナルステージにいたるまで、本当に感動しました。


打ち上げで一緒だった、まわりのお父さん達も、君の出場回数に驚くとともに、今日の司会ぶり、昨日責任者を務めたイベントでの最終判断に感心していました。

生まれてきた時も、嬉しくて胸が詰まりましたが、今日最後、一人ひとりの紹介画像を見ながら、そして一緒に苦労してきた仲間と抱き合っている姿を見て、涙が止まらず、胸がいっぱいになりまし

た^^;

本当に良く頑張ったね！

息子として生まれてきてくれて、本当に幸せです。有難うね。

願わくは、将来大きく社会に貢献できるような人財になれるように、明日から、気持ちを切り替えて、勉学にも頑張ってほしいです。

先にやすみますが、父親としての気持ちを、今宵のうちに伝えたくて、メールしました。

〜君の生涯の応援団長より〜

亡父の墓前で

明日から、大学入試センター試験。

勝負をかける息子の願いを、そっと支えたいと思い、一人、菩提寺に向かう。

菩提寺は、四谷の事務所から信号3つ目。育った地も。今、仕事をさせていただいている地も。そして将来、長い眠りにつく地も、この四谷……。自分で選んだ選択肢ではないだけに、運命的なものを感じる。

亡父の墓前に手を合わせる。

線香を手にして、ご住職から、「お線香は、そっと~束ねて巻いてある紙をむいて。空気が通り、燃えやすくなるから」と、教えていただく。「どのくらい、むけばよいのですか?」と尋ねると、「ご随意に。好きなだけ」。あまりにも、無頓着な質問に……ご住職も返答に困った様子。

それにしても、祖先の墓前に立ち止ると、なんとも心が落ち着く。

ときに、死を恐れることもあるが、『我、いつの日か、ここに眠る』と思うと、不思議と心が落ち着く。

現世の居場所ではなく、来世の居場所が、目の前のここ。自分の魂がここに眠るのかと定まると、本当に心が落ち着く……不思議だ。それだけ、年齢的にも、墓前に近づいてきたということか……

明日、息子にはすべての力を、余すところなく発揮してほしい!

「八月や　五十六の道を　歩みをり」

昨日、母からもらった、誕生日祝いの一句……

「**八月や　五十六の道を　歩みをり**」

恥ずかしながら、あまりにも俳句の才能がないので、電話で御礼を伝えつつ、句の意味するところを、母に恐る恐る聞いてみた。

私が8月に生まれたこと。今日で55歳になり、56歳（五十六）への道を歩み始めたこと

終戦時、海軍に属していた亡父が好きだった山本五十六・元帥の「五十六」に掛け合わせたこと

息子（私）にも、亡父が座右の銘にしていた「やってみせ、言って聞かせて、させてみせ、ほめてやらねば、人は動かじ」を大事に、歩んでほしいこと。

昨夜、子ども達に祝ってもらった食事も嬉しかったが、

母からもらった、想いのこもった「**世界にひとつしかないプレゼント**」……

本当に嬉しかった。

費やした努力は嘘をつかない！

今日、やっと我が家の受験が終わった！

私の世代とは違って、今はインターネットでの合格発表。

親子一緒に、久しぶりに復活した掲示板で見よう、と息子に言い出すも、ネットのほうが30分早く合格発表すると聞いて、アナログ世代には、少しだけ拍子抜け。

そういえば2か月前、息子が落ち込んでいるときに、陸上部出身の息子に、こんなメールを送ったことを思い出す。


人生は、一瞬たりとも遅くなく、一瞬たりとも早くなく、その人の人生に必要な試練が立ちはだかる。

でも決して、その人が乗り越えられない試練は与えない。

今回の試練も、君の本気さを試している！


一緒にみた「もうひとつの箱根駅伝」。

青山学院大学・原晋監督が、伴走車のなかから復路9区・池田生成選手に、マイクで飛ばしていた檄。

「**走った距離は嘘をつかない！**」

3年生の時、出走直前の選手差し替えにもめげずに1年間走り続けて努力した、4年生・池田選手。

あの時の悔しさ、試練があったからこそ、乗り越えて強くなったのだから……

だから、「**これまで、勉強に費やした努力は嘘をつかない！**」

試練を乗り越えたところに本物がある！


〜息子を愛する応援団長より〜

【住居だけ残してくれれば、あとは用なし……】

毎週火曜日は、新聞紙・段ボール・ビン・缶・ペットボトル……資源ごみの回収日。

受験が終わったので、もう新聞記事を確認することもないというのか。昨夜、妻がセッセと、溜まりに溜まった新聞紙を、今朝の資源ごみ回収に出すべく、束ねていた。

朝起きてキッチンの扉を開けてみると、昨夜、キレイに、全部捨てたとばかり思っていた古新聞のうち、なぜか一紙だけ、キッチンのテーブルの上に。よく見てみると、昨日の読売新聞夕刊。

配偶者の相続分　新優遇策
結婚20年　住居　遺産額含めず

一面で、そう大きく書かれた夕刊だけが、なぜかキッチンにポツンと置かれている。

結婚から20年以上が過ぎた夫婦で、遺言や生前贈与で譲り受けた住宅や敷地は、贈与した人が死亡した場合には、遺産額に含めない。そんな内容の法務省・民法改正案に関する記事。

エッ、親父も?? 一生懸命応援して、やっと受験を終えと思った途端……

あとは住まいだけ残してくれれば、もう用なし。

確かに、親父が出社する時間になっても、誰も起きてこない我が家を顧みれば、そんなホンネもわかるのだが。

それにしても、あまりにも用なしになるのが早過ぎ、急過ぎない？

朝起きた途端に〝ボロボロ〟

朝起きて、シャワーを浴びようと思って、洗面所に入った途端、妻から、きつ〜い、ひと言！ふた言！

「やっぱり、そういう人だと思っていたわ」


そういえば昨夜、息子と食事をしている最中、久しぶりにクリスマスツリーを出そうという話になった。

年子の子ども達が、受験から落ち着くまで、クリスマスツリーを出すのを控えていたとのこと。

万が一、受験や進学で失敗したとき、クリスマスツリーを見るたびに、子ども達が、そのつらい失敗の出来事を、思い出さないようにするため。


母親らしい配慮に、昨夜は酒を飲みながら、その通りだな〜と調子よく賛同し、翌朝10時、親子そろってクリスマスツリーを出すことを約束したのだが……


目覚ましもかけずに、起きたらなんと、正午近く。

こんなにも寝坊することはないのだが、実は、珍しく少し思い悩むことがあって、今朝はあえて目覚ましをかけずに、あまり早く起きたくなかった……ただのわがまま。

それにしても、夫婦の約束を、親子の約束を、それもつい昨夜の約束を、すっかり忘れていたとは……

不覚の不覚のいたすかぎり。

何も言わない、何も言えない、ボロボロの一日スタート。本当に申し訳ない。

娘の誕生日

今日は、娘の誕生日。

1週間くらい前まで、用事があり誕生日の当日は家にいられないと聞いていたので、町田市で行われる顧問先・学校法人の忘年会に出席の返信済み。

ところが、どこでどう予定が（いや気が……）変わったのか、急遽、自宅で誕生会をすることに。

午前中に妻が予約した、娘の好きなケーキを、17時に新宿高島屋に取りに行く。赤ワインとともに食べようと、好きなチーズも買いに行ったが、あまりにも混んでいて断念。

高島屋から新宿駅西口まで、大きなケーキの紙袋を持ちながら、前から来る人に迷惑がられないように。

新宿駅西口では、なるべくお金のかからない小さなコインロッカーを、やっと見つけて。

社員さんが予約してくれた、17時45分のロマンスカーに、なんとか間に合った。

18時30分、町田駅近くの忘年会会場に到着。19時20分、挨拶もそこそこに、忘年会会場を後に。

19時32分、小田急線に。20時過ぎに、新宿駅に着いて……一目散にコインロッカーへ。

これまた、大きな荷物を抱えて、JR山手線に。自宅に着いたのが、20時32分。


「顧問先の忘年会と重なってしまいましたが、20時30分過ぎには、ケーキをとって帰ります！」との、家族との約束を……なんとか果たすことができた。


約束を守るのは、当たり前だと思うかもしれない。

しかし、家族など親しい間柄や、ましてや自分との約束となると、「まあ、いいか」という気持ちが出てくる。どんな約束でも、喜んで守るということは、案外、難しいこと。

【倫理研究所発行「職場の教養（2017年12月号）」より】


若かりし頃、約束した時間を過ぎても帰宅せず、遊んでいるではなし、仕事をしているのだから、妻もわかってくれているだろう、などと思いきや……

実は妻は、私が伝えた帰宅時間から逆算して、炊飯器のスイッチを入れてくれていた……

そんなことにも気づかずに、取り返しのつかない失敗をし続けてきただけに、今からでも少しずつでも家族からの信頼を取り戻すことができたら。

あっ、母の誕生日……

18時から、本日最後の来客。

10分ほどして、スマートフォンの振動音。もちろん、来客中は基本的に出られないのだが、スマートフォンの着信表示に「母」とある。ドキッとするのが、真夜中の電話と実家に一人で住む「母」からの電話。

来客に「失礼します」とお詫びをしながら、電話に出る。

まずは、元気そうな声にホッと、ひと安心。電話の趣旨は、どうやら来週、私が母を誘って一緒に出かけようと思っていたコンサートに、一緒に行けなくなったことを気にしての電話。

実家からオペラシティまで、帰りもオペラシティから実家まで、タクシーを手配して、準備万端整えていたのだが。

昨夜から体調が思わしくなく、タクシーに乗せてもらっても、行き帰り、そして2時間以上に及ぶコンサートの間、体調が悪くなってもいけないので……自信がなく心配なので、今回は一緒に行くのは控えておくとのこと。

母の残念そうな声を聞きながら、「そうだよな〜、息子の親孝行の押しつけもいけないな〜」

万が一、心配をかけてもいけないという、母の気持ちも痛いほどわかる。

ひと通り、よもやま話もした後、電話を切る瞬間、思い出した！

あっ、今日は母の誕生日！

そういえば、数週間前、妹から「お兄ちゃん、もうすぐお母さんの誕生日だからね！」

そう、強く言われていたことを、今やっと思い出した。

それにしても、何というタイミング。電話を切る前に、気がついて本当に良かった。

電話の声は元気だが、すっかり足腰が弱くなってしまった「母」……

数年前までは、早大の西脇久夫先輩がメンバーでもあるボニージャックスのクリスマス・コンサートに、母と一緒に出かけていたっけ。

一緒にコンサートに行きたい気持ちを、今回はそっと胸にしまって、来年の楽しみにとっておくことにしよう。

彼岸入り……自宅玄関でピンポン

オヤジの墓参り。

母は妹の運転する車、私は娘の運転する車。新富町にある宮川で合流し、オヤジの好きだった鰻を一緒に食べてから、四谷の菩提寺に墓参り。当初は、3月21日を予定していたのだが、どうやら天候が崩れるらしい、と聞いて、彼岸入りの今日、墓参り。

彼岸が近づいたこの一週間、こんなことがあった。


午前4時20分前、自宅の玄関がピンポンと鳴った。

ここで起きてしまうと、また眠れなくなって、明日も朝早いし……。

時計の時間を確認しながら、ベッドの中で、ウトウトとしていた。

あれっ、昨夜は息子は帰宅していたし……また出かけて、朝4時に帰ってきたのか。

それにしても、妻も玄関に出る様子がない。

誰も応対しないので、まずは息子の部屋へ。電気をつけっぱなしで寝ている。

インターフォンに記録されている来客録画を見るも、誰も何も映っていない。

未明に、家族を起こしてもいけないので、そのままベッドに戻るも、なにか目が覚めてしまって、なかなか寝付けない。

寝不足のまま、朝起きて、再度、来客録画を確認するも、誰も映っていない。
出社して、セコムに電話して、我が家の防犯カメラを点検してもらうことに。夕方、来宅してもらった
セコム警備員に家の周りに設置している防犯カメラの朝4時台の映像を再生してもらうも、誰も映っ
ていない。
ピンポンダッシュ、なにかのイタズラ、それともいよいよ私の幻覚症状?……なぞは深まるが、なぞは
解けないまま。

夕食時、妻が確信したように言う。

「お父さんが来られたのよ。あなたは今まで、私がそんなこと言ったって、何も信じなかったけれど、
歳をとってきて、少しは感じるようになってきたんじゃない」

妻は、どちらかというと霊感があるほうなので、見えたり聞こえたりするという。

その妻が、数日後また自宅玄関で、ピンポンと訪問する音が鳴ったという。確かに、鳴ったという。

私も、間違いなくピンポンの音を聞き、飛び起きたくらいだったので、間違いない。

夢を見ていて、ピンポンという流れでは決してなかった……。

「やはり、お父さん、来られたのよ。もうすぐお彼岸でしょ」
図らずもその日、15時からの顧問先理事会で、公益社団法人会長が、親父の生前の仕事ぶり、懐かしく
思い出しながら、息子の私の前で言及していただいた。

その時刻と妻が聞いたピンポンと、そう時間の差がないことも……なにかのめぐり合わせかも。

毎朝毎夕、仏壇で手を合わせる視線の先で、微笑んでいる親父の遺影。

父は、２０００年に他界した。毎朝、仏壇の水を替えながら、父の遺影に挨拶をする。

しかし、ゆっくりと思いをめぐらすまでには至らない。


「死とは何か？　怖いのは、死ぬ恐怖ではない。人間が本当に怖いのは、忘れ去られる恐怖」

かつて、こう教わった。

生きているうちに、自己が存在したことの証を残すことの大切さも教わった。

まさに、それが「自分史」「辞世の句」なのだろう。


母は、亡父の墓参りを欠かさない。

それも、毎月といってよいほど、墓参りに行く。

母や私が生きている限り、私達の中では、いつまでも父は生きている。


オヤジにこの家は見せられなかったが、我が家に彼岸に帰って来てくれた。

息子や孫たちのもとに、笑顔で戻ってきてくれた。嬉しい。

彼岸明けまで、しっかりと心に留めて、オヤジ供養をしたい。

子ども達との花見

午後、少しだけ仕事の時間に余裕ができた。妻が、朝から買い物に出かけていたこともあり、春休みで、少しノンビリしている息子と娘と一緒に、急遽ランチをしよう！ということに。

どこに行こうか？ 考えたあげく、満開の桜を見ながらランチと思い立って、飯田橋河岸にある、最近お気に入りの「CANAL CAFE」へ。

ブュッフェスタイルのランチタイムは、もう遅い時間は食べるものも残り少なく、あまりの申し訳なさからか、店員さんが、ピザ2枚をプレゼントしてくれて、親子ともども、なにかとっても得した気分。

息子と、大学でのこれからの進路について語り合ったり。娘から、4月から始まる部活の新入生勧誘活動について、苦労話を聞いたり。親子水入らず、満開の桜を愛でながら、神楽坂河岸で、満開の桜を背に、3人で記念写真を撮ったり……。なんとものどかな、オヤジとしてなんとも幸せなひととき。

帰宅して、ふと思い出した……相田みつをさんの一首。

子どもへ一首

どのような
道を
どのように
歩くとも
いのちいっぱい
に生きれば
いいぞ

どのような道であろうとも、我が息子が、そして娘が、自分の望む道を、まっすぐに、しっかりと歩んでいってくれるだけで、親は幸せ。いのちいっぱい、歩んでいってほしい。

そんな思いで、幸せ気分に浸っていたら、娘の通う大学から、ポストに成績通知表が。

ドキドキハラハラ、いきなり現実に戻った感じ。

今日は「父の日」

何歳になっても、こんな想いを抱きながら、ヒヤヒヤ過ごす一日。

「家族は『父の日』を覚えていてくれているのだろうか？

万が一『父の日』を忘れていたら、寂しいなあ〜」


今日は、娘は昼からディズニーランド。息子も午後から出かけている様子。

日曜日夜、息子が帰ってきて（くれて）、ＮＨＫ大河ドラマ「西郷どん」を見ながら、一緒に夕食。

父親として、「今日、父の日」「覚えてる？」と何度、心の中で、息子や娘に声をかけたことか……

「そんなに父親として自信ないの？」

と問われたら、「ハイ、そうです」としか答えようのない情けない状態。


でも食事が終わって、妻が食器棚からやおら「父の日」プレゼントを出して、息子に「これ、渡して」と手渡そうとするも、息子は「面倒だから、自分で渡して」という雰囲気アリアリ……

もらったのは、一人用のマグカップ型コーヒードリップ。

韓国製で、豆から挽いてドリップできるタイプのかなりの優れモノ。

私自身、朝からコーヒーを飲んで、一日を始めるのが日課なので、とてもとっても嬉しい！

やはり、家族が「父の日」を覚えていてくれて、ささやかながら、食事もしながら祝ってもらえるのは、本当に嬉しいかぎり。

57歳にもなって、今さら誕生日も何もないでしょ！

今日、57歳を迎えた。朝、神棚を整え、仏壇に手を合わせて「おかげさまで、ここまで生きてこられました」と遺影の親父に語りかけながら、感謝。

昨日まで「どの店の誕生日ケーキにする？　誰が頼む？　娘に買ってきてもらおうか。仕方がないから、自分で買ってこようか」「そんな57歳にもなって、今さら誕生日も何もないでしょ！」という、家族中の雰囲気アリアリのなか、まさに自作自演で、誕生日会盛り上げ大作戦!!

娘は、翌朝早くから遠出するので、とにかく何でもいいから早くして～っという感じ。

今日は、16時30分からＴＫＣ四谷支部の総会。出席はＭＵＳＴ！

18時から20時まで懇親会。でもそれからだと、ケーキ屋もしまっているし、食事の時間も遅くなって、娘にも悪い。食事も2回もするわけにはいかないし、かといって、ＴＫＣ懇親会で、誕生日祝いをやってくれるわけでもないし……。

いつも相性の良いＴＫＣなのに、今日だけは微妙な関係。

支部長に許してもらって、今日はそっと抜け出して、57歳をじっくりとかみしめることにしよう！

サプライズ・バースデー！　ＴＫＣのみんな、本当に有難う！

そう思って出席したＴＫＣ懇親会。なんと誕生日祝いをサプライズ企画してくれた！

会場に着く前から、会場に着くやいなや、みんなから「最後まで帰っちゃダメ！」と何度も、念を押されたので、娘と約束した夕食の時間とにらめっこしながら、懇親会へ。

四谷支部は、出席優秀支部として、ＴＫＣ全国会から表彰も受賞して、懇親会は盛り上がり最高潮！

そして、20時からビンゴゲーム。……と聞いて、さすがにタイムリミット。

「最後までいられなくて、本当に申し訳ありません」と席を立ちかけたときだ。

ハッピーバースデー・ソングが！ＴＫＣの仲間は、なんて優しく、なんて嬉しいサプライズまで！

「ＴＫＣの懇親会で、誕生日祝いをやってくれるわけでもないし……」なんて心の中で思ってしまって、大切な心優しい仲間に、なんとも申し訳ないかぎり。

いただいたのは「夫婦箸」。これも当家の実情を知って（？）、我が家を慮っての計らい。

タクシーに飛び乗って、20時30分過ぎには、自宅のテーブルへ。

なんとか間に合って、一家団欒のハッピーバースデー！

あとがき

2月10日、午後4時過ぎ、何気なく付けたPCから最初に飛び込んできたニュースは、堺屋太一先生の逝去の速報。

エッ、えっ……信じられない。あまりにもショックで、言葉が出なかった。

あまりにも近くなので、これまで語らなかったが、堺屋太一先生のオフィスは、駐車場を挟んで、私の事務所の隣り。

かつては、この地にご自宅があり、にこやかに犬の散歩をする堺屋先生と、何度もお目にかかることも。


昨年末たしか12月28日、仕事納めを終えて事務所ビルを出ると、珍しく送迎の車ではなく、おひとりでカバンをもってオフィスに帰られる堺屋先生と、道端でバッタリお目にかかった。

堺屋先生と立ち話をしながら、100mと離れていない先生のオフィスまで一緒に歩きながら、2025年の開催が決定した大阪万博のお祝いを申し上げたら……

「オフィスに隣接してつくった美術館にも、ぜひともいらしてくださいね。」

一年の仕事納め、最後にお目にかかったのが、堺屋太一先生だったのが、あまりにも嬉しくて……その時間、まだ仕事をしていた実妹に電話して、

「今年最後にお目にかかったのが、堺屋太一先生。今年は、本当に良い一年だった」と感慨深く一年を終えてから、まだ2か月も経っていない。

亡父が、通商産業省工業技術院に分室をもつ印刷会社を経営していたこともあり、工業技術院研究開発官も務めておられた堺屋先生の名前は、中学生の頃から耳にして、ひそかに尊敬し、憧れていた。

何を隠そう……この本の帯となる推薦文を、出版に尽力していただいた金融ブックス㈱三坂輝氏からの薦めもあり、経済・産業振興に精通される堺屋太一先生にお願いしようと思っていたところだった。

昨年末にお目にかかったとき、推薦文依頼を、よほどその場で切り出そうかと思ったのだが、さすがに、寒風吹きすさぶなか、立ち話では失礼かと思い、節分が明けたら、堺屋先生のオフィスに伺って、正式にお願いしようと思っていた……矢先の先生のご逝去。

かつて参議院議員選挙に出馬する最終決断をする直前、堺屋先生から、「山崎さん、参院選比例区は、ひと財産かかるよ。心しなければいけないよ」

そう、助言していただいた日のことを、今でも思い出す。

１９７０年、日本の高度成長の起爆剤ともなった大阪万博を通産官僚として提案され、成功に心血を注がれた堺屋太一先生。

昨年、２０２５年大阪万博開催が決まるやいなや、堺屋先生のオフィスビルの玄関には、大阪万博開催を祝う大きなポスターが。

まるで、２０２５年の大阪万博開催決定を見届けるかのように、天国に旅立たれたかのよう。

誠に失礼ながら……隣り合わせのビル、やや坂上の５階に位置する私の部屋からは、坂下の３階に位置する、堺屋先生の執務室が良く見える。

今、主を失い、寂しそうにカーテンが閉められている執務室。先生にこの本を届けたかった……

心よりご冥福をお祈り申し上げますとともに、いつか、天国まで拙著をお届けして、ご指導いただきたい。

デイリーブログ

毎日更新中！

【著者】

山崎 泰（やまざき たい）

1961年生まれ。早稲田大学法学部卒業。早稲田大学大学院法学研究科修士課程・財団法人松下政経塾修了。1993年、東京都議会議員（2期）。都議会文教委員長・財務主税委員・初代東京都税制調査会委員等を歴任。2000年、実父逝去を受け山崎総合印刷（現㈱ＴＦＳパートナーズ）代表取締役。03年、事業経営の傍ら税理士試験合格。04年㈱ＴＦＳ代表取締役、税理士開業登録。現在、ＴＦＳコンサルティンググループ代表（公認会計士・税理士・社会保険労務士・行政書士・FP・キャリアコンサルタント・宅建士等）。登録政治資金監査人。
著書に「ウォーターフロント」（サンマーク出版）「どうする！青島知事」（ぱる出版）「あなたの会社、強くしてみせます！」（PHP研究所）など。
"ズッこけ"デイリーブログを、日課として熱く配信し続ける！

ＴＦＳコンサルティンググループ
〒160-0004　東京都新宿区四谷3-11 山一ビル5F
Tel. 03-3225-6400（代表）
E-mail. info@tfsnavi.com
https://www.tfsnavi.jp/

志ある経営に伴走して

2019年４月５日　第１版第１刷発行

著　者　　山崎 泰
発行人　　榊原 陸
編集人　　三坂 輝
発行所　　金融ブックス株式会社
　　　　　東京都千代田区外神田6-16-1
　　　　　Tel. 03-5807-8771 Fax. 03-5807-3555
デザイン　有限会社クリエイティブ・ヴァン
印刷・製本　新灯印刷株式会社

ISBN978-4-904192-80-1